Luigi Pirandello

Six personnages en quête d'auteur

Texte et illustration de couverture : © domaine public
Edition : Culturea (Hérault, 34)
Contact : infos@culturea.fr
Retrouvez notre catalogue sur http://culturea.fr
Imprimé en Allemagne par Books on Demand
Design typographique : Derek Murphy
Layout : Reedsy (https://reedsy.com/)

Dépôt légal : janvier 2023

ISBN : 9791041910243

Table des matières

LES PERSONNAGES DE LA PIÈCE À FAIRE

LE PÈRE.

LA MÈRE.

LA BELLE-FILLE.

LE FILS.

L'ADOLESCENT, LA FILLETTE. *Ces deux derniers, rôles muets.*

(Puis, évoquée :) MME PACE.

LES COMÉDIENS DE LA TROUPE

LE DIRECTEUR-CHEF DE TROUPE.

LE GRAND PREMIER RÔLE FÉMININ.

LE GRAND PREMIER RÔLE MASCULIN.

LE GRAND SECOND RÔLE FÉMININ.

L'INGÉNUE.

LE JEUNE PREMIER.

AUTRES COMÉDIENS ET COMÉDIENNES.

LE RÉGISSEUR.

LE SOUFFLEUR.

L'ACCESSOIRISTE.

LA CHEF MACHINISTE.

LE SECRÉTAIRE DU DIRECTEUR.

LE CONCIERGE DU THÉÂTRE.

PERSONNEL DE PLATEAU.

Un jour, sur la scène d'un théâtre.

N. B. – Cette pièce ne comporte ni actes ni scènes. La représentation sera interrompue une première fois sans que le rideau se baisse, quand le Directeur-chef de troupe et le chef des personnages se retireront pour établir le scénario et que les Acteurs évacueront le plateau ; et elle s'interrompra une seconde fois lorsque, par erreur, le Machiniste baissera le rideau.

En entrant dans la salle, les spectateurs trouveront le rideau levé et le plateau tel qu'il est de jour, sans portants ni décor, vide et dans une quasi-obscurité : cela pour qu'ils aient,
dès le début, l'impression d'un spectacle non préparé.

Deux petits escaliers, l'un à droite et l'autre à gauche, font
communiquer le plateau avec la salle.

D'un côté, sur le plateau, le couvercle du trou du souffleur
est rangé à proximité dudit trou.

De l'autre côté, au premier plan, une table et un fauteuil
dont le dossier est tourné vers le public, pour le Directeur-chef
de troupe.

Deux autres tables, l'une plus grande et l'autre plus petite,
avec plusieurs chaises autour d'elles, ont été placées là, également au premier plan, afin d'être disponibles, si besoin est,
pour la répétition. D'autres chaises, çà et là, à droite et à
gauche, pour les Acteurs, et au fond, d'un côté, un piano qui est
presque caché.

Une fois éteintes les lumières de la salle, on verra entrer
par la porte du plateau le Chef machiniste en salopette bleue et
une sacoche suspendue à la ceinture : prenant dans un coin, à
l'arrière-plan, quelques planches, il les dispose sur le devant de
la scène et se met à genoux pour les clouer. Au bruit des coups
de marteau, le Régisseur, entrant par la porte des loges, accourt.

LE RÉGISSEUR. – Eh là ! Qu'est-ce que tu fabriques ?

LE CHEF MACHINISTE. – Ce que je fabrique ? Je cloue.

LE RÉGISSEUR. – À cette heure-ci ? *(Consultant sa montre :)* Il est déjà dix heures et demie. Le Patron va être là d'un instant à l'autre pour la répétition.

LE CHEF MACHINISTE. – Dites donc, moi aussi, il faudrait tout de même qu'on me laisse le temps de travailler !

LE RÉGISSEUR. – Tu l'auras, mais pas maintenant.

LE CHEF MACHINISTE. – Quand ça ?

LE RÉGISSEUR. – Quand ça ne sera plus l'heure de la répétition. Allons, allons emporte-moi tout ça, que je puisse planter le décor du deuxième acte du *Jeu des rôles*.

Le Chef machiniste, soupirant et grommelant, ramasse les planches et s'en va. Cependant, par la porte du plateau commencent à arriver les Acteurs, hommes et femmes, de la Troupe, d'abord un seul, puis un autre, puis deux à la fois, ad libitum : ils doivent être neuf ou dix, le nombre d'acteurs censés participer aux répétitions du Jeu des rôles, la pièce de Pirandello inscrite au tableau de service. En entrant, ils saluent le Régisseur et se saluent mutuellement, se souhaitant le bonjour. Certains d'entre eux se dirigent vers les loges ; d'autres, parmi lesquels le Souffleur qui aura le manuscrit roulé sous le bras, restent sur le plateau, attendant le Directeur pour commencer à répéter, et, pour meubler cette attente, assis en cercle ou debout, ils échangent quelques mots ; l'un allume une cigarette, un autre se plaint du rôle qui lui a été distribué, et un troisième lit à haute voix pour ses camarades des nouvelles contenues dans un petit journal de théâtre. Il sera bon qu'aussi bien les

Actrices que les Acteurs portent des vêtements plutôt clairs et gais. À un certain moment, l'un des comédiens pourra se mettre au piano et attaquer un air de danse, et les plus jeunes Acteurs et Actrices se mettront à danser.

LE RÉGISSEUR, *frappant dans ses mains pour les rappeler à l'ordre.* – Allons, allons, finissez ! Voici le Patron !

Les conversations et la danse s'interrompent sur-le-champ. Les Acteurs se tournent pour regarder dans la salle, par la porte de laquelle on verra entrer le Directeur-chef de troupe, qui, coiffé d'un chapeau melon, sa canne sous le bras et un gros cigare aux lèvres, parcourt l'allée entre les fauteuils et, salué par les comédiens, monte sur le plateau par l'un des petits escaliers. Le Secrétaire lui tend le courrier : quelques journaux et un manuscrit arrivé par la poste.

LE DIRECTEUR. – Pas de lettres ?

LE SECRÉTAIRE. – Non. Tout le courrier est là.

LE DIRECTEUR, *lui tendant le manuscrit.* – Portez ça dans ma loge. *(Puis, regardant autour de lui et s'adressant au Régisseur :)* Dites donc, on n'y voit rien ici. Je vous en prie, faites donner un peu de lumière.

LE RÉGISSEUR – Tout de suite.

Il va donner des ordres en conséquence. Et, peu après, une vive lumière blanche illumine toute la partie droite du plateau, là où sont les Acteurs. Pendant ce temps, le Souffleur aura pris place dans son trou, allumé sa petite lampe et disposé le manuscrit devant lui.

LE DIRECTEUR, *frappant dans ses mains.* – Allons, allons, au travail ! *(Au Régisseur :)* Tout le monde est là ?

LE RÉGISSEUR. – Sauf Mlle…

Il nomme le Grand Premier Rôle féminin.

LE DIRECTEUR. – Comme d'habitude ! *(Consultant sa montre :)* Nous avons déjà dix minutes de retard. Faites-moi le plaisir de l'inscrire au tableau de service. Ça lui apprendra à arriver à l'heure aux répétitions.

Il n'a pas terminé son admonestation que l'on entend, venue du fond de la salle, la voix du Grand Premier Rôle féminin.

LE GRAND PREMIER RÔLE FÉMININ. – Non, non, je vous en prie ! Me voici ! Me voici !

Elle est tout entière vêtue de blanc, un époustouflant grand chapeau sur la tête et un joli petit chien dans les bras ; elle parcourt rapidement l'allée entre les fauteuils et gravit en grande hâte l'un des petits escaliers.

LE DIRECTEUR. – Vous avez juré de vous faire toujours attendre.

LE GRAND PREMIER RÔLE FÉMININ. – Excusez-moi. J'ai cherché de tous les côtés un taxi pour être là à l'heure ! Mais je vois que vous n'avez pas encore commencé. Et moi, je ne suis pas du début. *(Puis appelant le Régisseur par son prénom et lui confiant le petit chien :)* Soyez gentil, enfermez-le dans ma loge.

LE DIRECTEUR, *bougonnant.* – Et son petit chien par-dessus le marché ! Comme s'il n'y avait pas déjà assez de cabots ici. *(Frappant de nouveau dans ses mains et s'adressant au Souffleur :)* Allons, allons, le deuxième acte du *Jeu des rôles.* *(S'asseyant dans son fauteuil :)* Attention, mesdames et messieurs. Qui est du début de l'acte ?

Tous les Acteurs et Actrices évacuent le devant du plateau et vont s'asseoir d'un côté de celui-ci, tous à l'exception des trois comédiens qui sont du début et du Grand Premier Rôle féminin qui, ne prêtant pas attention à la question du Directeur, s'est assise devant l'une des deux tables.

LE DIRECTEUR, *à la Vedette féminine.* – Vous êtes donc de la première scène ?

LE GRAND PREMIER RÔLE FÉMININ. – Moi ? Mais non.

LE DIRECTEUR, *agacé.* – Eh bien, alors, allez-vous-en de là, bon sang !

Le Grand Premier Rôle féminin se lève et va s'asseoir près des autres Acteurs qui sont déjà installés à l'écart.

LE DIRECTEUR, *au Souffleur.* – Allez-y, allez-y !

LE SOUFFLEUR, *lisant dans le manuscrit.* – « Chez Leone Gala. Une bizarre salle à manger-bureau. »

LE DIRECTEUR, *au Régisseur.* – Nous mettrons le salon rouge.

LE RÉGISSEUR, *notant sur une feuille de papier.* – Le salon rouge. Entendu.

LE SOUFFLEUR, *continuant de lire dans le manuscrit.* – « Une table sur laquelle le couvert est mis et un bureau avec des livres et des papiers. Étagères de livres et vitrines contenant une luxueuse vaisselle. Porte au fond ouvrant sur la chambre à coucher de Leone. Porte latérale à gauche ouvrant sur la cuisine. La porte principale est à droite. »

LE DIRECTEUR, *se levant et indiquant aux comédiens.* – Alors, notez-le bien : par là, la porte principale. Par ici, la cuisine. *(À l'Acteur qui doit interpréter le rôle de Socrate :)* Vos entrées et vos sorties par là. *(Au Régisseur :)* La porte à tambour, vous la mettrez au fond, avec des tentures.

Il s'assied à nouveau.

LE RÉGISSEUR, *notant.* – Entendu.

LE SOUFFLEUR, *reprenant sa lecture.* – « Scène première. Leone Gala, Guido Venanzi et Filippo, dit Socrate. » *(Au Directeur :)* Il faut aussi que je lise les indications de mise en scène ?

LE DIRECTEUR. – Mais oui, voyons ! Je vous l'ai dit cent fois !

LE SOUFFLEUR, *reprenant sa lecture.* – « Au lever du rideau, Leone Gala, affublé d'un tablier et un bonnet de cuisinier sur la tête, est en train de battre un œuf dans un bol avec une cuiller en bois. Filippo, lui aussi en cuisinier, en bat un autre. Guido Venanzi, assis, écoute. »

LE GRAND PREMIER RÔLE MASCULIN, *au Directeur.* – Je vous demande pardon, mais est-ce qu'il va vraiment falloir que je me coiffe d'un bonnet de cuisinier ?

LE DIRECTEUR, *que cette observation agace.* – Bien sûr ! Puisque c'est écrit là !

Du doigt il montre le manuscrit.

LE GRAND PREMIER RÔLE MASCULIN. – Mais, permettez, c'est ridicule !

LE DIRECTEUR, *se fâchant tout rouge.* – « Ridicule ! ridicule ! » Que voulez-vous que j'y fasse si de France il ne nous arrive plus une seule bonne pièce et si nous en sommes réduits à
monter des pièces de Pirandello – rudement calé celui qui y
comprend quelque chose ! – et qui sont fabriquées tout exprès
pour que ni les acteurs, ni les critiques, ni le public n'en soient
jamais contents ? *(Les Acteurs rient. Et alors, se levant et
s'approchant du Grand Premier Rôle masculin, il crie :)* Un
bonnet de cuisinier, oui, mon cher ! Et vous battrez des œufs !
Vous croyez sans doute que votre rôle se réduit à battre des
œufs ? Eh bien, détrompez-vous ! Vous aurez aussi à représenter la coquille des œufs que vous battez ! *(Les Acteurs recom-
mencent à rire et échangent des commentaires ironiques.)* Silence ! Et je vous prie de m'écouter quand j'explique quelque
chose ! *(S'adressant de nouveau au Grand Premier Rôle masculin :)* Oui, mon cher, la coquille : c'est-à-dire la forme vide de
la raison, lorsque l'instinct qui est aveugle ne l'emplit pas !
Vous, vous êtes la raison, et votre femme, l'instinct : cela dans
un jeu où, les rôles étant distribués, vous qui interprétez le vôtre
êtes intentionnellement le pantin de vous-même. Vous avez
compris ?

LE GRAND PREMIER RÔLE MASCULIN, *ouvrant les
bras.* – Moi ? Non !

LE DIRECTEUR, *retournant à sa place.* – Eh bien, moi
non plus ! Travaillons, et quant à la fin, vous m'en direz des
nouvelles ! *(Sur un ton de confidence :)* Je vous en prie, placez-
vous bien de trois quarts, sinon, entre les obscurités du dialogue
et vous que le public n'entendrait pas, ce serait la fin de tout !
(Frappant de nouveau dans ses mains :) Attention, attention !
On commence !

LE SOUFFLEUR. – S'il vous plaît, Patron, vous permettez
que je m'abrite avec le couvercle ? Il y a un de ces courants
d'air !

LE DIRECTEUR. – Mais oui, faites, faites !

Pendant ce temps, le Concierge du théâtre est entré dans la salle, sa casquette galonnée sur la tête, et, parcourant l'allée entre les fauteuils, il s'est approché du plateau pour annoncer au Directeur-chef de troupe l'arrivée des Six Personnages, *lesquels, entrés eux aussi dans la salle, l'ont suivi à une certaine distance, regardant autour d'eux, légèrement affolés et perplexes.*

Celui qui voudrait tenter une traduction scénique de cette pièce devrait s'employer par tous les moyens à obtenir surtout comme effet que ces Six Personnages *ne se confondent pas avec les Acteurs de la Troupe. Les places des uns et des autres, données dans les indications de mise en scène, quand ils monteront sur le plateau, serviront sans aucun doute à cette fin, de même qu'un éclairage de couleur différente grâce à des projecteurs appropriés. Mais le moyen le plus efficace et le plus idoine, que l'on suggère ici, serait l'utilisation de masques spéciaux pour les* Personnages : *des masques faits exprès d'une matière que la transpiration ne ramollisse pas et tels, malgré cela, qu'ils ne gênent pas les Acteurs qui devront les porter ; des masques travaillés et découpés de manière à laisser libres les yeux, les narines et la bouche. On pourra rendre ainsi jusqu'au sens profond de cette pièce. Effectivement, les* Personnages *ne devront pas apparaître comme des* fantômes, *mais comme des* réalités *créées, d'immuables constructions de l'imagination : et, donc, plus réels et plus consistants que le naturel changeant des Acteurs. Ces masques contribueront à donner l'impression de visages créés par l'art et figés immuablement chacun dans l'expression de son sentiment fondamental qui est le* remords *pour le* Père, la *vengeance pour la* Belle-fille, le *mépris pour le* Fils, *et, pour la* Mère, la *douleur, avec des larmes de cire fixées dans le bleu des orbites et le long des joues comme on en voit sur les images sculptées et peintes de la* Mater dolorosa *des églises. Et il faudrait aussi que leurs vêtements soient d'une étoffe et d'une coupe spéciales, sans extravagance, avec des plis rigides et comme une consistance massive de statue : bref, que ces vêtements ne donnent pas l'impression d'être d'une étoffe que l'on pourrait acheter dans n'importe quel magasin de la ville et d'avoir été taillés et cousus dans n'importe quelle maison de couture.*

Le Père doit avoir la cinquantaine : les tempes dégarnies, mais non pas chauve, le poil roux, avec d'épaisses petites moustaches s'enroulant presque autour d'une bouche encore fraîche, laquelle s'ouvre souvent pour un sourire hésitant et futile. Pâle, notamment en ce qui concerne son large front ; des yeux bleus, ovales, très brillants et vifs ; il portera un pantalon de couleur claire et un veston de couleur foncée ; parfois il sera mielleux et parfois il aura des éclats âpres et durs.

La Mère doit être comme atterrée et écrasée par un intolérable poids de honte et d'humiliation. Un épais crêpe de veuve la voilera, et elle doit être pauvrement vêtue de noir ; quand elle soulèvera son voile, elle laissera voir un visage non point maladif, mais comme fait de cire, et elle tiendra toujours les yeux baissés.

La Belle-fille, dix-huit ans, sera effrontée, presque impudente. Très belle, elle sera, elle aussi, en deuil, mais avec une élégance un peu voyante. Elle manifestera de l'agacement pour l'air timide, affligé et comme égaré de son jeune frère, un morne Adolescent de quatorze ans, vêtu de noir lui aussi, et, par contre, une vive tendresse pour sa petite sœur, une Fillette d'environ quatre ans, vêtue de blanc avec une ceinture de soie noire.

Le Fils, vingt-deux ans, grand, comme raidi dans une attitude de mépris contenu pour le Père et d'indifférence renfro-

*gnée pour la Mère, portera un manteau violet et une longue
écharpe verte autour du cou.*

LE CONCIERGE, *sa casquette à la main.* – Je vous demande pardon, monsieur le Directeur.

LE DIRECTEUR, *vivement, rogue.* – Qu'est-ce qu'il y a encore ?

LE CONCIERGE, *timidement.* – C'est ces messieurs dames
qui vous demandent.

*Du plateau, le Directeur et les Acteurs se tournent, éton-
nés, pour regarder dans la salle.*

LE DIRECTEUR, *de nouveau furieux.* – Mais je suis en
pleine répétition ! Et vous savez bien que pendant les répétitions personne ne doit entrer ! *(Vers le fond de la salle :)* Qui
êtes-vous ? Qu'est-ce que vous voulez ?

LE PÈRE, *s'avançant, suivi des autres jusqu'à l'un des petits escaliers.* – Nous sommes à la recherche d'un auteur.

LE DIRECTEUR, *mi-abasourdi, mi-furieux.* – D'un auteur ? Quel auteur ?

LE PÈRE. – N'importe lequel, monsieur.

LE DIRECTEUR. – Mais il n'y a pas le moindre auteur ici,
car nous n'avons pas la moindre pièce nouvelle en répétition.

LA BELLE-FILLE, *avec une vivacité gaie, gravissant rapidement le petit escalier.* – Alors, tant mieux, monsieur, tant
mieux ! Nous allons pouvoir être votre pièce nouvelle.

L'UN DES ACTEURS, *au milieu des commentaires animés et des rires des autres.* – Non mais, vous entendez ça !

LE PÈRE, *rejoignant la Belle-Fille sur le plateau.* – Oui, mais s'il n'y a pas d'auteur ici !... *(Au Directeur :)* À moins que vous ne vouliez l'être vous-même...

La Mère, tenant la Fillette par la main, et l'Adolescent gravissent les premières marches du petit escalier. Le Fils reste en bas, renfrogné.

LE DIRECTEUR, *au Père et à la Belle-fille.* – C'est une plaisanterie ?

LE PÈRE. – Non, monsieur, que dites-vous là ! Bien loin de plaisanter, nous vous apportons un drame douloureux.

LA BELLE-FILLE. – Et nous pouvons faire votre fortune !

LE DIRECTEUR. – Voulez-vous me faire le plaisir de vous en aller : nous n'avons pas de temps à perdre avec des fous !

LE PÈRE, *blessé mais mielleux.* – Oh, monsieur, vous savez bien que la vie est pleine d'innombrables absurdités qui poussent l'impudence jusqu'à n'avoir même pas besoin de paraître vraisemblables : parce qu'elles sont vraies.

LE DIRECTEUR. – Que diable racontez-vous là ?

LE PÈRE. – Je veux dire que ce que l'on peut réellement estimer une folie, c'est quand on s'efforce de faire le contraire ; c'est-à-dire d'en créer de vraisemblables afin qu'elles paraissent vraies. Mais permettez-moi de vous faire observer que, si c'est là de la folie, c'est pourtant l'unique raison d'être de votre métier.

Les Acteurs s'agitent, indignés.

LE DIRECTEUR, *se levant et le toisant.* – Ah, vraiment ? Vous trouvez que notre métier est un métier de fous ?

LE PÈRE. – Oh, quoi ! faire paraître vrai ce qui ne l'est pas ; et cela sans nécessité, monsieur : par jeu…Est-ce que votre fonction n'est pas de donner vie sur la scène à des personnages imaginaires ?

LE DIRECTEUR, *vivement, se faisant l'interprète de l'indignation grandissante de ses Acteurs.* – Mais moi, cher monsieur, je vous serais obligé de croire que la profession de comédien est une très noble profession ! Si, au jour d'aujourd'hui, messieurs les nouveaux auteurs dramatiques ne nous donnent à porter à la scène que des pièces stupides et des pantins au lieu d'êtres humains, sachez que c'est notre fierté d'avoir donné vie – ici, sur ces planches – à des œuvres immortelles !

Les Acteurs, satisfaits, approuvent et applaudissent leur Directeur.

LE PÈRE, *interrompant ces manifestations et enchaînant fougueusement.* – Mais oui ! parfaitement ! à des êtres vivants, plus vivants que ceux qui respirent et qui ont des habits sur le dos ! Moins réels peut-être, mais plus vrais ! Nous sommes tout à fait du même avis !

Les Acteurs, abasourdis, échangent des regards.

LE DIRECTEUR. – Comment, comment ? Quand vous venez de dire à l'instant…

LE PÈRE. – Non, monsieur, permettez, je disais ça pour vous qui nous avez crié que vous n'aviez pas de temps à perdre avec des fous, alors que personne mieux que vous ne peut savoir que la nature se sert comme outil de l'imagination humaine pour continuer, sur un plan plus élevé, son œuvre de création.

LE DIRECTEUR. – D'accord, d'accord. Mais où voulez-vous en venir par là ?

LE PÈRE. – À rien, monsieur. Qu'à vous démontrer qu'on peut naître à la vie de tant de manières, sous tant de formes : arbre ou rocher, eau ou papillon…ou encore femme. Et que l'on peut aussi naître personnage !

LE DIRECTEUR, *avec une feinte et ironique stupeur*. – Et vous, ainsi que ces personnes qui vous entourent, seriez nés personnages ?

LE PÈRE. – Précisément, monsieur. Et comme on peut le voir, bien vivants.

Le Directeur et les Acteurs éclatent de rire, comme à une bonne plaisanterie.

LE PÈRE, *blessé*. – Je suis navré de vous entendre rire ainsi, car, je vous le répète, nous portons en nous un drame douloureux, comme vous pouvez tous le déduire de la vue de cette femme voilée de noir.

En disant cela, il tend la main à la Mère pour l'aider à gravir les dernières marches, et, la tenant toujours par la main, il la conduit avec une certaine solennité tragique de l'autre côté du plateau qu'une lumière irréelle illuminera aussitôt. La Fillette et l'Adolescent suivent la Mère ; puis c'est le tour du Fils qui se tiendra à l'écart, à l'arrière-plan ; enfin celui de la Belle-fille qui restera elle aussi à l'écart, sur le devant du plateau, appuyée au cadre de scène. Les Acteurs, d'abord stupéfaits, puis pleins d'admiration pour la manière dont évoluent les Personnages, se mettent à applaudir comme devant un spectacle donné pour eux.

LE DIRECTEUR, *d'abord abasourdi, puis indigné.* – Non, mais ! Silence, je vous prie ! *(Puis, aux Personnages :)* Quant à vous autres, allez-vous-en ! Débarrassez le plancher ! *(Au Régisseur :)* Bon Dieu ! qu'est-ce que vous attendez pour faire évacuer le plateau ?

LE RÉGISSEUR, *s'avançant mais, ensuite, s'arrêtant comme retenu par une bizarre frayeur.* – Allez-vous-en ! Allez-vous-en !

LE PÈRE, *au Directeur.* – Mais non, écoutez, nous...

LE DIRECTEUR, *criant.* – Mais à la fin, nous sommes là pour travailler, nous autres !

LE GRAND PREMIER RÔLE MASCULIN. – Il n'est pas permis de se livrer à de telles plaisanteries...

LE PÈRE, *avec décision, s'avançant.* – Moi, votre incrédulité me stupéfie ! Est-ce que vous n'êtes pas habitués, mesdames et messieurs, à voir surgir vivants sur ce plateau, l'un en face de l'autre, les personnages créés par un auteur ? Mais c'est peut-être parce qu'il n'y a pas là *(il montre le trou du Souffleur)* un manuscrit qui nous contienne ?

LA BELLE-FILLE, *s'avançant vers le Directeur, souriante, enjôleuse.* – Vous pouvez me croire, monsieur, nous sommes vraiment six personnages des plus intéressants ! Encore que perdus.

LE PÈRE, *l'écartant.* – Oui, perdus, c'est le mot ! *(Au Directeur, vivement :)* Perdus, voyez-vous, en ce sens que l'auteur, qui nous a créés vivants, n'a pas voulu ensuite ou n'a pas pu matériellement nous mettre au monde de l'art. Et ç'a été un vrai crime, monsieur, parce que lorsque quelqu'un a la chance d'être né personnage vivant, ce quelqu'un peut se moquer même de la mort. Il ne mourra jamais ! L'homme, l'écrivain, instrument de sa création, mourra, mais sa créature ne mourra jamais ! Et pour vivre éternellement, elle n'a même pas besoin de dons extraordinaires ou d'accomplir des miracles. Qui était Sancho Pança ? Qui était don Abbondio ? Et pourtant ils vivront éternellement, parce que – germes vivants – ils ont eu la chance de trouver une matrice féconde, une imagination qui a su les élever et les nourrir, les faire vivre pour l'éternité !

LE DIRECTEUR. – Tout cela est très joli ! Mais qu'est-ce que vous voulez exactement ?

LE PÈRE. – Nous voulons vivre, monsieur !

LE DIRECTEUR, *ironique.* – Pour l'éternité ?

LE PÈRE. – Non, monsieur : pendant un moment au moins, en eux.

UN ACTEUR – Eh bien, celle-là !

LE GRAND PREMIER RÔLE FÉMININ. – Ils veulent vivre en nous !

LE JEUNE PREMIER, *montrant la Belle-fille.* – Oh, quant à moi, volontiers, si celle-là m'était distribuée !

LE PÈRE. – Comprenez-le bien : la pièce est à faire ; *(au Directeur :)* mais si vous le voulez et vos acteurs aussi, on pourrait la faire sur-le-champ, de concert !

LE DIRECTEUR, *agacé.* – De concert ! De concert ! Sur cette scène, on ne donne pas ce genre de concerts ! Sur cette scène, on joue des drames et des comédies !

LE PÈRE. – Bien sûr ! C'est précisément pour cela que nous sommes venus vous trouver !

LE DIRECTEUR. – Où est votre manuscrit ?

LE PÈRE. – Il est en nous, monsieur. *(Les Acteurs rient.)* Le drame est en nous ; c'est nous ; et nous sommes impatients de le représenter, comme nous y pousse la passion qui est en nous !

LA BELLE-FILLE, *railleuse, avec la grâce perfide d'une, impudence appuyée.* – Ma passion, ah, si vous saviez, monsieur ! Ma passion…pour lui !

Elle montre le Père et fait mine de l'étreindre ; mais elle éclate ensuite d'un rire strident.

LE PÈRE, *avec une brusque colère.* – Toi, pour le moment, reste à ta place ! Et je te serais reconnaissant de ne pas rire comme ça !

LA BELLE-FILLE. – Non ? Eh bien, alors, mesdames et messieurs, permettez-moi : bien qu'il n'y ait que deux mois à peine que je suis orpheline, je vais vous montrer comment je chante et comment je danse !

Elle se met à fredonner avec malice le premier couplet de Prends garde à Tchou-Tchin-Tchou *de Dave Stamper, dans la version fox-trot ou one-step de Francis Salabert, et, en même temps, elle esquisse un pas de danse.*

Les Chinois sont un peuple malin,

De Chang-hai à Pékin
Ils ont mis des écriteaux partout :
Prenez garde à Tchou-Tchin-Tchou !

Pendant qu'elle chante et danse, les Acteurs, principalement les plus jeunes, comme sous l'empire d'une étrange fascination, s'avancent vers elle et tendent légèrement les mains comme pour la saisir. Elle leur échappe et quand les Acteurs se mettent à applaudir et que le Directeur se fâche, elle se retrouve comme indifférente et lointaine.

LES ACTEURS *et* LES ACTRICES, *riant et applaudissant.* – Bien ! Bravo ! Très bien !

LE DIRECTEUR, *furieux.* – Silence ! Vous vous croyez sans doute au café-concert ? (*Entraînant le Père un peu à l'écart, avec une certaine inquiétude :*) Dites-moi, elle est folle ?

LE PÈRE. – Folle ? Mais non ! Pis que cela !

LA BELLE-FILLE, *accourant sur-le-champ vers le Directeur* – Pis que cela ! Oui, pis que cela ! Et comment, monsieur ! Pis que cela ! Écoutez-moi, je vous en prie : faites en sorte que nous puissions le représenter tout de suite, ce drame, car vous verrez que moi, à un certain moment – quand ce petit ange (*elle va prendre par la main la Fillette qui est près de la Mère et l'amène devant le Directeur*)... est-elle assez mignonne ? (*La prenant dans ses bras, elle l'embrasse.*) Chérie ! ma chérie ! (*Elle la repose par terre et ajoute, comme malgré elle, émue :*) Eh bien, quand Dieu la ravira brusquement, cette petite chérie, à cette pauvre mère, et que ce petit imbécile (*empoignant rudement par une manche l'Adolescent, elle le pousse en avant*) commettra la plus grosse des sottises, en véritable idiot qu'il est (*d'une bourrade elle le repousse vers la Mère*) – eh bien, moi, vous me verrez alors prendre mon vol ! Oui, monsieur ! je prendrai mon vol ! mon vol ! Et je vous assure qu'il me tarde d'y être, oh, oui ! Car, après ce qui s'est passé de très intime entre lui et moi *(d'un horrible clin d'œil elle indique le Père)*, je ne peux plus me voir en leur compagnie, assistant au martyre de cette mère à cause de ce type *(elle montre le Fils)* – regardez-le ! mais regardez-le ! – indifférent, glacial, lui, parce que lui, c'est le fils légitime ! et il est plein de mépris pour moi, pour lui *(elle montre l'Adolescent)* et pour ce petit être : parce que nous sommes des bâtards – vous avez compris ? des bâtards. *(Elle s'approche de la Mère et l'étreint.)* Et cette pauvre mère, lui, cette pauvre mère qui est pourtant notre mère à tous les quatre, lui, il refuse de la reconnaître pour sa mère à lui aussi – et il la regarde de haut, lui, comme si elle n'était la mère que de nous trois, les bâtards – le salaud !

Elle a dit tout cela rapidement, avec une très grande surexcitation, et, après avoir lancé à pleine voix le mot « bâtards », elle prononce à mi-voix, comme le crachant, ce mot final de « salaud ».

LA MÈRE, *avec une douleur infinie, au Directeur.* – Monsieur, au nom de ces deux pauvres enfants, je vous supplie... *(prise de faiblesse, elle chancelle)* – oh, mon Dieu...

LE PÈRE, *accourant pour la soutenir, accompagné par presque tous les Acteurs abasourdis et consternés.* – Une chaise, je vous en prie, une chaise pour cette pauvre veuve !

LES ACTEURS, *accourant.* – Mais alors, c'est vrai ? – Elle s'évanouit pour de bon ?

LE DIRECTEUR. – Allons, vite, une chaise !

L'un des Acteurs avance une chaise : les autres font cercle autour de la Mère, empressés. Celle-ci, une fois assise, essaie d'empêcher le Père de soulever le voile qui lui cache le visage.

LE PÈRE. – Regardez-la, monsieur, regardez-la...

LA MÈRE. – Non, non ! Je t'en prie ! Au nom du ciel !

LE PÈRE. – Laisse qu'on te voie !

Il soulève son voile.

LA MÈRE, *se levant et portant les mains à son visage, avec désespoir.* – Oh, monsieur, je vous supplie d'empêcher cet homme de mettre à exécution son projet, un projet affreux pour moi !

LE DIRECTEUR, *surpris, ahuri.* – Moi, je ne comprends plus ni où on en est ni de quoi il s'agit ! *(Au Père :)* Madame est votre femme ?

LE PÈRE, *vivement.* – Oui, monsieur, c'est ma femme !

LE DIRECTEUR. – Mais alors comment se fait-il qu'elle soit veuve, puisque vous êtes vivant ?

Les Acteurs se soulagent de leur ahurissement en éclatant bruyamment de rire.

LE PÈRE, *blessé, avec un âpre ressentiment, à tous.* – Ne riez pas ! Je vous en prie, ne riez pas ainsi ! C'est précisément là son drame, monsieur. Elle a eu un autre homme dans sa vie. Un autre homme qui devrait être ici !

LA MÈRE, *dans un cri.* – Non ! Non !

LA BELLE-FILLE. – Heureusement pour lui, il est mort : il y a deux mois, je vous l'ai dit. Comme vous le voyez, nous en portons encore le deuil.

LE PÈRE. – Mais s'il n'est pas ici, voyez-vous, ce n'est pas parce qu'il est mort. S'il n'est pas ici, c'est parce que – regardez-la, monsieur, je vous en prie, et vous le comprendrez aussitôt ! – son drame à elle n'a pas pu consister en l'amour de deux hommes pour qui, incapable de passion, elle ne pouvait rien éprouver – sinon, peut-être, un peu de reconnaissance (non pas pour moi : pour lui, pour l'autre !). Elle, ce n'est pas une vraie femme ; c'est seulement une mère ! Et son drame – un drame puissant, monsieur, puissant ! – consiste tout entier, effectivement, en ces quatre enfants des deux hommes qu'elle a eus dans sa vie.

LA MÈRE. – Que j'ai eus, moi ? Tu as le front de dire que c'est moi qui les ai eus, comme si je les avais voulus ? C'est lui qui l'a voulu, monsieur ! C'est lui qui me l'a donné, cet autre, de force ! Il m'a obligée, obligée à partir avec cet autre homme !

LA BELLE-FILLE, *vivement, indignée.* – Ce n'est pas vrai !

LA MÈRE, *abasourdie.* – Comment, ce n'est pas vrai ?

LA BELLE-FILLE. – Ce n'est pas vrai ! Ce n'est pas vrai !

LA MÈRE. – Qu'est-ce que tu peux en savoir, toi ?

LA BELLE-FILLE. – Ce n'est pas vrai ! *(Au Directeur :)* Ne le croyez pas ! Vous savez pourquoi elle dit ça ? C'est à cause de celui-là ! *(Elle montre le Fils.)* Parce que l'indifférence de ce fils la ronge, la torture, et qu'elle voudrait lui faire croire que, si elle l'a abandonné quand il avait deux ans, c'est parce que lui *(elle montre le Père)* l'y a obligée.

LA MÈRE, *avec force.* – Il m'y a obligée, il m'y a obligée, j'en prends Dieu à témoin ! *(Au Directeur :)* Demandez-le-lui à lui *(elle montre son mari)* si ce n'est pas vrai ! Faites-le dire par lui !…Elle *(elle montre sa fille)* ne peut rien savoir de cela.

LA BELLE-FILLE. – Ce que je sais, c'est que tant que mon père a vécu, tu as toujours été paisible et heureuse. Nie-le, si tu peux !

LA MÈRE. – Je ne le nie pas, non…

LA BELLE-FILLE. – Il était toujours plein d'amour et d'attentions pour toi ! *(À l'Adolescent, rageusement :)* N'est-ce pas ? Dis-le ! Pourquoi ne dis-tu rien, idiot !

LA MÈRE. – Laisse donc ce pauvre garçon tranquille ! Pourquoi veux-tu me faire passer pour une ingrate, ma fille ? Je ne veux nullement offenser la mémoire de ton père ! Je lui ai répondu à lui *(elle parle du Père)* que si j'avais abandonné son foyer et mon fils, ce n'est ni par ma faute ni pour mon plaisir !

LE PÈRE. – C'est vrai, monsieur. C'est moi qui l'ai voulu.

Un temps.

LE GRAND PREMIER RÔLE MASCULIN, *à ses camarades.* – Quel drôle de spectacle !

LE GRAND PREMIER RÔLE FÉMININ. – C'est eux qui le donnent pour nous !

LE JEUNE PREMIER. – Une fois n'est pas coutume !

LE DIRECTEUR, *qui commence à être vivement intéressé.* – Chut ! Écoutons-les !

Et tout en disant cela, il descend dans la salle par l'un des petits escaliers, et il reste debout devant le plateau, comme pour se faire, en tant que spectateur, une idée de la scène.

LE FILS, *sans bouger de sa place, froidement, lentement, ironiquement.* – Mais oui, écoutez bien le bel échantillon de philosophie qui va vous être proposé maintenant ! Il va vous parler du Démon de l'Expérience.

LE PÈRE. – Toi, je te l'ai dit cent fois, tu es un cynique imbécile ! *(Au Directeur qui est déjà dans la salle :)* Il se moque de moi, monsieur, à cause de cette phrase que j'ai trouvée pour m'excuser.

LE FILS, *méprisant.* – Les phrases !

LE PÈRE. – Les phrases ! Oui, les phrases ! Comme si devant un fait inexplicable, devant un mal qui nous ronge, ce n'était pas un réconfort pour tout le monde que de tomber sur un mot qui ne veut rien dire mais où l'on trouve l'apaisement !

LA BELLE-FILLE. – Mais oui, et où l'on trouve surtout l'apaisement de son remords.

LE PÈRE. – De mon remords ? Ce n'est pas vrai ; ce n'est pas seulement par des mots que je l'ai apaisé en moi.

LA BELLE-FILLE. – Oui, oui, avec un peu d'argent aussi, avec un peu d'argent aussi ! Avec les cent lires, mesdames et messieurs, qu'il était sur le point de m'offrir en paiement !

Mimique d'horreur des Acteurs.

LE FILS, *avec mépris à sa belle-sœur.* – Ce que vous dites là est abject !

LA BELLE-FILLE. – Abject ? Elles étaient là, ces cent lires, dans une enveloppe bleu ciel sur le guéridon d'acajou de l'arrière-boutique de Mme Pace. Vous savez bien, monsieur ? une de ces personnes qui, sous couvert de vendre *Robes et Man-*

teaux, nous attirent dans leurs *ateliers,* nous autres jeunes filles pauvres de bonne famille.

LE FILS. – Et elle s'est acheté le droit de nous tyranniser tous, tant que nous sommes, avec ces cent lires qu'il était sur le point de payer et que par bonheur – notez-le bien – il n'a pas eu ensuite de raison de payer.

LA BELLE-FILLE. – Oh, mais, tu sais, il s'en est fallu d'un cheveu !

Elle éclate de rire.

LA MÈRE, *s'insurgeant.* – Tu n'as pas honte, ma fille ? Tu n'as pas honte ?

LA BELLE-FILLE, *vivement.* – Honte ? C'est ma vengeance ! Je frémis d'impatience, monsieur, oui, d'impatience de la vivre, cette scène ! Le petit salon… ici, la vitrine des manteaux ; là, le divan-lit ; la psyché ; un paravent ; et, devant la fenêtre, ce guéridon d'acajou avec l'enveloppe bleu ciel contenant les cent lires. Je la vois, cette enveloppe ! Je pourrais la prendre ! Mais vous autres, messieurs, il faudrait que vous vous tourniez, car je suis à peu près nue ! Je ne rougis plus, parce que, maintenant, c'est lui qui rougit ! *(Elle montre le Père.)* Mais je vous assure qu'à ce moment-là, il était pâle, très pâle ! *(Au Directeur :)* Vous pouvez m'en croire, monsieur !

LE DIRECTEUR. – Moi, je n'y comprends plus rien !

LE PÈRE. – Je pense bien ! Agressé de la sorte ! Veuillez exiger un peu d'ordre, monsieur, et, négligeant de prêter l'oreille à l'opprobre dont, avec un tel acharnement et sans les explications nécessaires, elle voudrait me couvrir à vos yeux, permettez-moi de parler !

LA BELLE-FILLE. – Non ! Ce n'est pas le moment de faire de la littérature !

LE PÈRE. – Mais ce n'est pas ce que je fais ! je veux lui expliquer !

LA BELLE-FILLE. – Mais oui, voyons ! À ta façon !

Le Directeur remonte alors sur le plateau pour rétablir l'ordre.

LE PÈRE. – Mais puisque le mal est là tout entier ! Dans les mots ! Nous avons tous en nous un monde de choses ; chacun d'entre nous un monde de choses qui lui est propre ! Et comment pouvons-nous nous comprendre, monsieur, si je donne aux mots que je prononce le sens et la valeur de ces choses telles qu'elles sont en moi ; alors que celui qui les écoute les prend inévitablement dans le sens et avec la valeur qu'ils ont pour lui, le sens et la valeur de ce monde qu'il a en lui ? On croit se comprendre ; on ne se comprend jamais ! Tenez, par exemple : ma pitié, toute la pitié que j'éprouve pour cette femme *(il montre la Mère),* elle l'a prise pour la plus féroce des cruautés !

LA MÈRE. – Mais puisque tu m'as chassée !

LE PÈRE. – Voilà, vous l'entendez ? Chassée ! Elle a cru que je la chassais !

LA MÈRE. – Toi, tu sais parler ; moi, je ne sais pas… Mais, croyez-moi, monsieur, après m'avoir épousée… Dieu sait pourquoi (j'étais une pauvre, une humble femme…).

LE PÈRE. – Mais c'est précisément à cause de cela, à cause de ton humilité que je t'ai épousée, de cette humilité que j'ai aimée en toi, croyant… *(Il s'interrompt à la vue des gestes de dénégation qu'elle fait ; il ouvre les bras dans un geste de désespoir et s'adressant au Directeur :)* Non ! Vous voyez ? Elle dit non ! Ce qui est épouvantable, monsieur, je vous assure, vraiment épouvantable, c'est sa *(il se frappe le front)* surdité, sa surdité mentale ! Du cœur, oui, elle en a, pour ses enfants ! Mais en ce qui concerne le cerveau, elle est sourde, monsieur, sourde, désespérément sourde !

LA BELLE-FILLE. – Oui, oui, mais demandez-lui maintenant de vous dire la chance qu'a été pour nous son intelligence.

LE PÈRE. – Si l'on pouvait prévoir tout le mal qui peut naître du bien que nous croyons faire !

À cet instant, le Grand Premier Rôle féminin, que la vue du Grand Premier Rôle masculin flirtant avec la Belle-fille a mise de très mauvaise humeur, s'avance et demande au Directeur :

LE GRAND PREMIER RÔLE FÉMININ. – Excusez-moi, mon cher Directeur, mais est-ce qu'on va finir par répéter ?

LE DIRECTEUR. – Mais oui, mais oui ! Pour le moment, laissez-moi écouter !

LE JEUNE PREMIER. – C'est une situation tellement nouvelle !

L'INGÉNUE. – Et tellement intéressante !

LE GRAND PREMIER RÔLE FÉMININ. – Pour ceux que ça intéresse !

Et elle lance un coup d'œil au Grand Premier Rôle masculin.

LE DIRECTEUR, *au Père.* – Mais il faudrait que vous vous expliquiez clairement.

Il s'assied.

LE PÈRE. – Oui, bien sûr. Voyez-vous, monsieur, j'avais avec moi un pauvre homme, mon employé, mon secrétaire, il était plein de dévouement et s'entendait en tout et pour tout avec elle *(il montre la Mère),* en tout bien tout honneur – ne l'oublions pas ! – bon et humble comme elle, l'un et l'autre incapables non seulement de faire le mal, mais même d'y penser !

LA BELLE-FILLE. – C'est lui, en revanche, qui y a pensé pour eux, et qui l'a fait !

LE PÈRE. – Ce n'est pas vrai ! Moi, j'ai voulu faire leur bien, et le mien aussi, oui, je l'avoue ! J'en étais arrivé au point, monsieur, de ne plus pouvoir leur dire un mot à l'un ou à l'autre, sans les voir aussitôt échanger un regard d'intelligence, sans voir l'un chercher aussitôt les yeux de l'autre pour demander conseil, pour savoir comment on devait prendre ce que je venais de dire, afin que je ne me mette pas en colère. Alors, vous le comprenez, il n'en fallait pas plus pour me maintenir dans une colère continuelle, un intolérable état d'exaspération !

LE DIRECTEUR. – Mais alors, je vous le demande, pourquoi ne le chassiez-vous pas votre secrétaire ?

LE PÈRE. – Très juste ! Je l'ai effectivement chassé, monsieur ! Mais j'ai vu alors cette pauvre femme errer chez moi comme une âme en peine, comme une de ces bêtes sans maître, que l'on recueille par charité.

LA MÈRE. – Eh, je pense bien !

LE PÈRE, *vivement, se tournant vers elle, comme pour devancer ce qu'elle va dire.* – Ton fils, n'est-ce pas ?

LA MÈRE. – Avant cela, monsieur, il m'avait arraché mon fils !

LE PÈRE. – Mais non par cruauté ! Pour qu'il grandisse sain et vigoureux au contact de la terre !

LA BELLE-FILLE, *montrant du doigt le Fils, ironiquement.* – Et on peut voir le résultat !

LE PÈRE, *vivement.* – Ah, c'est aussi ma faute s'il est devenu ce qu'il est ? Je l'avais mis en nourrice, monsieur, à la campagne, chez une paysanne, parce que ma femme ne me semblait pas assez robuste, quoique étant de basse extraction. La même raison que celle pour laquelle je l'avais épousée. Ce sont peut-être des lubies, mais que voulez-vous ? J'ai toujours eu de ces maudites aspirations à une solide santé morale ! *(À ces mots, la Belle-fille éclate de nouveau d'un rire bruyant.)* Mais faites-la donc taire ! C'est insupportable !

LE DIRECTEUR. – Taisez-vous ! Laissez-moi écouter, bon Dieu !

Sur-le-champ, à l'injonction du Directeur, la Belle-fille se retrouve de nouveau, son rire s'interrompant brusquement, comme indifférente et lointaine. Le Directeur redescend dans la salle pour se faire une idée de la scène.

LE PÈRE. – Quant à moi, j'ai bientôt été incapable de souffrir la vue de cette femme près de moi. *(Il montre la Mère.)* Mais cela, croyez-le bien, pas tellement à cause de la contrariété, de l'impression d'étouffement – je dis bien : d'étouffement – qui m'en venaient, qu'à cause de la peine – une peine poignante – que j'éprouvais pour elle.

LA MÈRE. – Et il m'a mise à la porte !

LE PÈRE. – Oui, monsieur, mais c'est pourvue de tout le nécessaire que je l'ai envoyée rejoindre cet homme – pour la libérer de moi !

LA MÈRE. – Et se libérer lui-même !

LE PÈRE. – Oui, moi aussi – je l'admets ! Et il en est résulté un grand mal. Mais ce que j'ai fait, c'était dans une bonne intention... et cela plus pour elle, je le jure, que pour moi-même ! *(Il croise les bras sur sa poitrine, puis, aussitôt, s'adressant à la Mère :)* Est-ce que je t'ai jamais perdue de vue, hein ? est-ce que je t'ai jamais perdue de vue, jusqu'à ce qu'un beau jour, il t'emmène soudain, à mon insu, dans une autre ville, parce qu'il s'était stupidement laissé impressionner par l'intérêt que je continuais de manifester, un intérêt pur, très pur, je vous assure, monsieur, sans la moindre arrière-pensée. Je m'intéressais avec une incroyable tendresse à la nouvelle petite famille qui grandissait autour d'elle. Elle aussi *(il montre la Belle-fille)* peut en témoigner !

LA BELLE-FILLE. – Et comment ! J'étais toute petite, vous savez ? avec des nattes dans le dos et des culottes qui dépassaient de ma robe – pas plus haute que ça ! – et quand je sortais de l'école, je le trouvais devant la porte. Il venait voir si je grandissais bien...

LE PÈRE. – Ce que tu dis là est perfide ! Infâme !

LA BELLE-FILLE. – Non, pourquoi ?

LE PÈRE. – Si ! C'est infâme ! Infâme ! *(Sur-le-champ, avec agitation, au Directeur, sur un ton d'explication :)* Elle partie, monsieur *(il montre la Mère)*, ma maison me parut soudain vide. Elle était un cauchemar pour moi, mais elle me la remplissait ! Une fois seul, je me suis retrouvé errant dans les pièces de ma maison comme une mouche dont on aurait arraché la tête. Et quand lui *(il montre le Fils),* qui avait été élevé loin de chez moi, a été de retour à la maison, j'ai eu – comment dire ? – j'ai eu l'impression qu'il n'était plus mon fils. Sa mère n'étant plus là pour faire la liaison entre lui et moi, il a grandi tout seul, à part, sans le moindre rapport affectif ou intellectuel avec moi. Et alors (cela va peut-être vous sembler bizarre, monsieur, mais il en est ainsi), j'ai commencé à éprouver de la curiosité, puis, peu à peu, de l'intérêt pour cette petite famille que j'avais, somme toute, fondée, et de penser à cette petite famille, cela a commencé à combler le vide que je sentais autour de moi. J'avais besoin, vraiment besoin de les savoir en paix, tout entiers occupés des soins les plus simples de la vie, heureux parce qu'en dehors et loin des complications et des tourments de mon esprit. Et pour en avoir une preuve, j'allais voir cette fillette à la sortie de son école !

LA BELLE-FILLE. – Oui ! Il me suivait dans la rue : il me souriait et, quand j'arrivais à la maison, il me faisait au revoir de la main – comme ça ! Moi, je le regardais avec de grands yeux, farouche. Je ne savais pas qui ça pouvait être ! J'en ai parlé à maman. Et elle a dû comprendre tout de suite que c'était lui. *(De la tête, la Mère fait signe que oui.)* Au début, pendant plusieurs jours, elle n'a plus voulu m'envoyer à l'école. Quand j'y suis retournée, je l'ai retrouvé à la sortie – il était d'un comique ! – avec un grand paquet dans les mains. Il s'est approché de moi, il m'a caressée ; et puis il a tiré de ce paquet un grand, un beau chapeau en paille d'Italie, garni d'une guirlande de petites roses de mai – pour moi !

LE DIRECTEUR, *au Père et à la Belle-fille.* – Mais tout cela, c'est du roman !

LE FILS, *méprisant.* – Mais oui, de la littérature ! de la littérature !

LE PÈRE. – Qu'est-ce que tu racontes avec ta littérature ! C'est de la vie, monsieur ! De la passion !

LE DIRECTEUR. – Possible ! Mais ce n'est pas du théâtre !

LE PÈRE. – D'accord, monsieur ! Car tout cela se passe avant. Et je ne prétends pas que cela soit porté à la scène. Comme vous pouvez le voir, en effet, elle *(il montre la Belle-fille)* n'est plus cette fillette avec des nattes dans le dos...

LA BELLE-FILLE. – ... et des culottes dépassant de ma robe !

LE PÈRE. – Le drame se produit à présent, monsieur ! Un drame neuf, complexe.

LA BELLE-FILLE, *sombre et farouche, s'avançant.* – Dès la mort de mon père...

LE PÈRE, *vivement, pour ne pas lui laisser le temps de parler.* – ...la misère, monsieur ! Ils reviennent ici, à mon insu. À cause de sa stupidité. *(Il montre la Mère.)* Elle sait à peine écrire, mais elle aurait pu me faire écrire par sa fille ou par ce garçon qu'ils étaient dans le besoin !

LA MÈRE. – Pouvez-vous me dire, monsieur, si j'aurais pu deviner en lui tous ces beaux sentiments !

LE PÈRE. – Que tu n'aies jamais deviné le moindre de mes sentiments, c'est bien là ton tort !

LA MÈRE. – Après tant d'années de séparation et après tout ce qui était arrivé...

LE PÈRE. – Et est-ce ma faute à moi, si ce brave homme vous a emmenés ainsi ? *(Au Directeur :)* Du jour au lendemain, je vous le répète... parce qu'il avait trouvé ailleurs je ne sais quelle situation. Il me fut impossible de retrouver leurs traces ; et alors, forcément, pendant de nombreuses années, mon intérêt pour eux diminua. Le drame éclate, monsieur, aussi imprévu que violent, à leur retour ; lorsque moi, entraîné, hélas ! par la misère de ma chair encore vivace, j'ai... Ah, oui, c'est bien vraiment une misère pour un homme seul qui n'a pas voulu de liens avilissants ; un homme qui n'est pas encore assez vieux pour se passer des femmes et qui n'est plus assez jeune pour pouvoir facilement et sans honte aller s'en chercher une ! Une misère ? que dis-je ? c'est une chose horrible, horrible ; parce que aucune femme ne peut plus lui donner d'amour. Et quand on comprend cela, on devrait se passer d'elles...Eh oui ! Chacun d'entre nous, monsieur – extérieurement, devant les autres –, se drape dans sa dignité : mais, dès qu'il est seul avec lui-même, il sait bien tout ce qui, au-dedans de lui, se passe d'inavouable. On succombe, on succombe à la tentation ; pour s'en relever tout de suite après sans doute, avec une grande hâte de reconstituer, entière et solide, comme une dalle sur une tombe, cette dignité qui cache et ensevelit à nos propres yeux tout vestige et le souvenir même de notre honte. Il en est ainsi pour tous ! Seul fait défaut le courage de dire certaines choses !

LA BELLE-FILLE. – Parce que celui de les faire, ces choses, ils l'ont tous !

LE PÈRE. – Tous ! Mais en cachette ! Et c'est pourquoi il faut plus de courage pour les dire ! Car il suffit que quelqu'un les dise – et ça y est ! – on l'affuble de la réputation de cynique. Alors que ce n'est pas vrai, monsieur : il est comme tous les autres ; meilleur, meilleur même, parce qu'il n'a pas peur de projeter la lumière de l'intelligence sur le rouge de la honte qui accompagne le déchaînement bestial de l'homme, de l'homme qui ferme à tous les coups les yeux pour ne pas se voir rougir. Et la femme – oui – et la femme, au fait, comment se comporte-t-elle ? Elle nous regarde, aguichante, inviteuse. On la prend dans ses bras ! Et aussitôt qu'on l'étreint, elle ferme les yeux. C'est le signe de sa reddition. Le signe par lequel elle dit à l'homme : « Aveugle-toi, moi, je suis aveugle ! »

LA BELLE-FILLE. – Et quand elle ne les ferme plus ? Quand elle n'éprouve plus le besoin de se cacher à elle-même, en fermant les yeux, le rouge de sa propre honte, et qu'au lieu de cela, elle voit avec des yeux maintenant secs et impassibles le rouge de la honte de l'homme qui, bien que sans amour, s'est aveuglé ? Ah, quel dégoût, alors, quel dégoût pour toutes ces complications intellectuelles, pour toute cette philosophie qui, après avoir laissé libre cours à la bête, veut ensuite la sauver, l'excuser... Je suis incapable de l'écouter plus longtemps, monsieur ! Car lorsqu'on a été contraint – comme ç'a été mon cas – de « simplifier » sa vie, d'en faire quelque chose de bestial, rejetant l'encombrant fardeau des chastes aspirations, de tous les sentiments purs, de l'idéal, du devoir, de la pudeur et de la honte, rien ne provoque davantage la colère et la nausée que la vue de certains remords, qui ne sont que des larmes de crocodile !

LE DIRECTEUR, *au Père et à la Belle-fille.* – Venons-en au fait, venons-en au fait ! Tout ça, c'est de la spéculation !

LE PÈRE. – Sans doute, monsieur, sans doute ! Mais un fait est comme un sac : vide, il ne tient pas debout. Pour qu'il tienne debout, il faut d'abord y faire entrer la raison et les sentiments qui l'ont déterminé. Moi, je ne pouvais pas savoir que cet homme étant mort dans une autre ville que la nôtre et eux revenus ici dans la misère, elle *(il montre la Mère),* pour subvenir aux besoins de ses enfants, s'était mise à travailler comme couturière, et qu'elle était justement allée chercher de l'ouvrage chez cette...chez cette Mme Pace !

LA BELLE-FILLE. – Une couturière de luxe, si vous voulez
le savoir, mesdames et messieurs ! Officiellement, elle est au
service des dames de la meilleure société, mais elle a tout combiné par ailleurs pour que – sans parler des autres, des femmes
pas si comme il faut – ces mêmes dames la servent à leur tour.

LA MÈRE. – J'espère que vous me croirez, monsieur, si je
vous dis que le soupçon ne m'a même pas effleurée que cette
horrible femme me donnait du travail, parce qu'elle avait des
vues sur ma fille...

LA BELLE-FILLE. – Pauvre maman ! Vous savez ce qu'elle
faisait, monsieur, cette Mme Pace, dès que je lui rapportais son
travail ? Elle me faisait constater tout ce qu'elle avait gâché, en
le donnant à coudre à ma mère, et elle défalquait, elle défalquait. Si bien que, vous le comprenez, c'était moi qui payais,
alors que cette pauvre femme croyait se sacrifier pour moi et ces
deux petits, en passant même des nuits à coudre les robes de
Mme Pace !

Gestes et exclamations indignés des Acteurs.

LE DIRECTEUR, *vivement.* – Et c'est chez elle qu'un jour
vous avez rencontré...

LA BELLE-FILLE, *montrant le Père.* – ...lui, lui, oui, monsieur ! un vieux client ! Vous allez voir la scène que cela donne !
Une scène magnifique !

LE PÈRE. – Avec son arrivée imprévue à elle, sa mère...

LA BELLE-FILLE, *vivement, perfidement.* – ...presque à
temps !...

LE PÈRE, *criant*. – ...non, à temps, à temps ! Parce que, par bonheur, je la reconnais à temps ! Et je les ramène tous chez moi, monsieur ! Vous pouvez vous imaginer maintenant ma situation et la sienne, l'un en face de l'autre : elle, telle que vous la voyez, et moi qui ne peux plus lever les yeux sur elle !

LA BELLE-FILLE. – Très drôle, non ? Mais est-ce qu'il était possible, monsieur, d'exiger de moi – « après » – que je me comporte comme une petite demoiselle modeste, bien élevée et vertueuse, d'accord avec ses satanées aspirations « à une robuste santé morale » ?

LE PÈRE. – Le drame pour moi est là tout entier, monsieur : dans cette conscience que j'ai que chacun de nous – voyez-vous – se croit « un seul », alors que c'est faux : il est « cent », monsieur, il est « mille », selon toutes les possibilités d'être qui sont en nous : il est « un seul » avec celui-ci, « un seul » avec celui-là – et ces « un seul » différents au possible ! Et cela, en même temps, avec l'illusion d'être toujours « un seul pour tout le monde », et toujours « cet un seul » que nous croyons être dans tous nos actes. C'est faux ! c'est faux ! Nous nous en apercevrons bien, lorsque, dans l'un de nos actes, nous nous retrouvons soudain, par un hasard des plus malheureux, comme accrochés et suspendus : nous nous apercevons, veux-je dire, que nous ne sommes pas tout entiers dans cet acte, et que ce serait donc une atroce injustice que de nous juger d'après ce seul acte et de nous maintenir accrochés et suspendus au pilori pendant une existence entière, comme si celle-ci se résumait tout entière dans cet acte ! Est-ce que vous comprenez maintenant la perfidie de cette fille ? Elle m'a surpris dans un lieu et dans une attitude où elle n'aurait pas dû me voir, elle m'a vu tel que je ne pouvais pas être pour elle ; et la réalité qu'elle voudrait m'assigner est telle que je n'aurais jamais pu m'attendre à devoir l'assumer envers elle, celle d'un moment fugitif et honteux de ma vie ! C'est cela, monsieur, c'est cela dont je souffre surtout. Et vous verrez qu'à cause de cela notre drame prendra une très grande valeur. Mais il y a aussi la situation des autres. La sienne...

Il montre le Fils.

LE FILS, *haussant dédaigneusement les épaules.* — Laisse-moi donc tranquille ! moi, je n'ai rien à voir dans tout ça !

LE PÈRE. — Comment, tu n'as rien à y voir ?

LE FILS. — Je n'ai rien à y voir, et je ne veux rien avoir à y voir, parce que, tu le sais bien, je n'ai pas ma place parmi vous !

LA BELLE-FILLE. — Des gens vulgaires, nous autres ! – Et lui, la distinction personnifiée ! – Mais vous pouvez constater vous-même, monsieur, que toutes les fois que je tourne les yeux vers lui pour le clouer du regard par mon mépris, lui, il baisse les siens, parce qu'il sait le mal qu'il m'a fait.

LE FILS, *la regardant à peine.* — Moi ?

LA BELLE-FILLE. — Toi ! oui, toi ! C'est à toi, mon cher, que je dois de faire le trottoir ! oui, à toi ! *(Gestes horrifiés des Acteurs.)* As-tu, oui ou non, empêché par ton attitude que règne dans la maison – je ne dis pas une atmosphère d'intimité – mais, du moins, ce climat d'affection qui met les hôtes à leur aise ? Nous avons été les intrus qui venaient envahir le domaine de ta « légitimité » ! Je voudrais vous faire assister, monsieur, à certaines de nos petites scènes en tête à tête ! Il dit que j'ai tyrannisé tout le monde. Mais voyez-vous ? c'est précisément à cause de son attitude que je me suis prévalue de cette raison qu'il qualifie d'« abjecte » ; la raison pour laquelle je suis entrée en maîtresse chez lui avec ma mère, qui est aussi sa mère !

LE FILS, *s'avançant lentement.* — Ils ont tous beau jeu, monsieur, tous, la partie facile contre moi. Mais veuillez vous imaginer un fils qui, un beau jour, alors qu'il vit tranquillement chez lui, voit arriver comme ça une demoiselle, l'impudence personnifiée, qui, « les yeux pleins de défi », lui demande à voir son père, à qui elle a à dire je ne sais quoi ; et qui la voit ensuite revenir toujours avec ce même air, accompagnée de cette fillette, et qui, finalement, la voit traiter son père – Dieu sait pourquoi – d'une façon très ambiguë et « expéditive », réclamant de l'argent sur un ton qui laisse supposer que celui-ci doit, oui, doit en donner, parce qu'il y est absolument tenu...

LE PÈRE. – ...mais j'y suis effectivement tenu : c'est pour ta mère.

LE FILS. – Et qu'est-ce que j'en sais, moi ? Quand donc est-ce que je l'ai vue, cette mère, moi, monsieur ? Quand donc en ai-je entendu parler ? Je la vois apparaître un jour devant moi, avec elle *(il montre la Belle-fille)*, avec ce garçon et cette fillette ; on me dit : « Oh, tu sais ? c'est aussi ta mère ! » D'après son comportement *(il montre de nouveau la Belle-fille)* je réussis à entrevoir la raison pour laquelle ils sont arrivés à la maison comme ça, du jour au lendemain... Ah, monsieur, ce que j'éprouve personnellement, ce que je ressens, je ne peux pas et je ne veux pas l'exprimer. Je pourrais tout au plus le dire en confidence, mais cela, je ne voudrais même pas le faire à moi-même. Ce qui, vous le voyez bien, ne peut donner lieu à la moindre action de ma part. Croyez-le, monsieur, croyez-le, moi, je suis un personnage théâtralement non « réalisé » ; et croyez que je me sens mal, très mal en leur compagnie ! – Qu'on me fiche la paix !

LE PÈRE. – Comment, comment ? Permets ! Puisque c'est précisément parce que tu es ainsi...

LE FILS, *avec une violente exaspération.* – ...qu'est-ce que tu en sais, toi, de ce que je suis ? quand donc t'es-tu occupé de moi ?

LE PÈRE. – Je l'admets ! Je l'admets ! Mais est-ce que ce n'est pas une situation, cela aussi ? Cette façon de te tenir à l'écart, si cruelle pour moi et pour ta mère qui, de retour à la maison, te voit comme pour la première fois, devenu grand, et qui ne te connaît pas, mais qui sait que tu es son fils... *(Montrant la Mère au Directeur :)* Tenez, regardez : elle pleure !

LA BELLE-FILLE, *rageusement, tapant du pied.* – Comme une idiote !

LE PÈRE, *la montrant aussitôt elle aussi au Directeur.* – Et, bien sûr, cela, elle ne peut pas le souffrir ! *(Parlant de nouveau du Fils :)* Il dit qu'il n'a rien à voir dans notre drame, alors qu'il est presque le pivot de l'action ! Regardez ce garçon qui est toujours dans les jupes de sa mère, apeuré, humilié... S'il est ainsi, c'est à cause de lui ! La situation la plus pénible est peut-être la sienne, car il se sent étranger, plus étranger que tous ; et il éprouve, le pauvre petit, un sentiment d'angoissante mortification d'être accueilli chez moi – comme ça, par charité... *(En confidence :)* C'est tout le portrait de son père ! Humble, n'ouvrant jamais la bouche...

LE DIRECTEUR. – Oh, mais ça ne me va pas du tout ! Vous n'avez pas idée de la source d'embêtements que constituent les enfants sur une scène.

LE PÈRE. – Oh, vous savez, lui, il ne vous embêtera pas longtemps ! Et cette fillette non plus : elle est même la première à disparaître...

LE DIRECTEUR. – Ah bon ! En tout cas, je vous assure que tout cela m'intéresse, je dirai même que cela m'intéresse vivement. Je sens, je sens vraiment qu'il y a là de quoi tirer un beau drame !

LA BELLE-FILLE, *tentant de se mêler à la conversation*. – Avec un personnage comme moi !

LE PÈRE, *la repoussant, anxieux qu'il est de savoir quelle décision va prendre le Directeur*. – Toi, tais-toi !

LE DIRECTEUR, *enchaînant, sans s'occuper de cette interruption*. – Une situation neuve, oui...

LE PÈRE. – Oh, monsieur, on ne peut plus neuve !

LE DIRECTEUR. – Mais – vous savez ! – il faut tout de même un fameux toupet pour venir me présenter comme ça...

LE PÈRE. – Il faut que vous compreniez, monsieur : nés, comme nous le sommes, pour la scène...

LE DIRECTEUR. – Vous êtes des comédiens amateurs ?

LE PÈRE. – Non : si je dis nés pour la scène, c'est parce que...

LE DIRECTEUR. – Allons, allons, vous, au moins, vous avez certainement déjà joué la comédie !

LE PÈRE. – Mais non, monsieur : ou tout au plus dans le rôle que chacun se distribue ou que les autres lui ont distribué dans la vie. Et en moi, du reste, c'est la passion même qui – comme chez tous – dès qu'on s'exalte, devient toujours, d'elle-même, un peu théâtrale...

LE DIRECTEUR. – Bon, bon ! Mais vous comprendrez, cher monsieur, qu'en l'absence d'un auteur...– Si vous le voulez, je pourrais vous adresser à quelqu'un...

LE PÈRE. – Mais non, voyons : soyez-le vous-même, notre auteur !

LE DIRECTEUR. – Moi ? Vous n'y pensez pas !

LE PÈRE. – Mais si, vous ! vous-même ! Pourquoi pas ?

LE DIRECTEUR. – Parce que moi, je n'ai jamais écrit de pièce !

LE PÈRE. – Eh bien, qu'est-ce qui vous empêche de le faire à présent ? Ce n'est pas tellement difficile. Il y a tant de gens qui en écrivent ! Et votre tâche est facilitée par le fait que nous sommes là, tous, bien vivants devant vous.

LE DIRECTEUR. – Mais ça ne suffit pas !

LE PÈRE. – Comment, ça ne suffit pas ? En nous voyant vivre notre drame...

LE DIRECTEUR. – Je ne dis pas le contraire ! Mais il faudra toujours quelqu'un pour l'écrire !

LE PÈRE. – Non, tout au plus pour le transcrire, puisque ce quelqu'un le verra se dérouler devant lui, en action, scène par scène. Il suffirait de jeter sur le papier d'abord un bref scénario et vous pourriez mettre en répétition !

LE DIRECTEUR, *tenté, remontant sur le plateau.* – Ma foi... je suis presque tenté... Oui, comme ça, par jeu... On pourrait vraiment essayer...

LE PÈRE. – Mais oui, monsieur ! Vous allez voir les scènes que cela va donner ! Je peux vous les indiquer dès maintenant !

LE DIRECTEUR. – Vous me tentez... vraiment vous me tentez. On va essayer... Venez avec moi dans ma loge. *(Aux Acteurs :)* Vous pouvez disposer un moment, mais ne vous éloignez pas trop. Soyez de nouveau là dans un quart d'heure, vingt minutes. *(Au Père :)* On va voir, on va essayer... Peut-être pourrait-il vraiment sortir de là quelque chose d'extraordinaire...

LE PÈRE. – Mais sans aucun doute ! Vous ne croyez pas qu'il vaudrait mieux leur demander de venir eux aussi ?

Il montre les autres Personnages.

LE DIRECTEUR. – Oui, qu'ils viennent, qu'ils viennent ! *(Il va pour sortir, mais s'adressant de nouveau aux Acteurs :)* Je vous en prie, hein ! soyez exacts. Dans un quart d'heure.

Le Directeur et les Six Personnages traversent le plateau et disparaissent. Les Acteurs, comme abasourdis, se regardent.

LE GRAND PREMIER RÔLE MASCULIN. – Mais il parle sérieusement ! Qu'est-ce qu'il veut faire ?

LE JEUNE PREMIER. – C'est bel et bien de la folie !

UN TROISIÈME ACTEUR – Il veut nous faire improviser un drame, comme ça, au pied levé ?

LE JEUNE PREMIER. – Oui ! Comme au temps de la *commedia dell'arte...*

LE GRAND PREMIER RÔLE FÉMININ. – Eh bien, s'il se figure que moi, je vais me prêter à ce genre de plaisanterie...

L'INGÉNUE. – Mais moi, je ne marche pas non plus !

UN QUATRIÈME ACTEUR, *parlant des Personnages.* – Je voudrais bien savoir qui sont ces gens-là.

LE TROISIÈME ACTEUR. – Qui veux-tu que ce soit ! Des fous ou de mauvais plaisants !

LE JEUNE PREMIER. – Et lui qui les écoute docilement !

L'INGÉNUE. – La vanité ! Ça le flatte de faire figure d'auteur...

LE GRAND PREMIER RÔLE MASCULIN. – C'est vraiment à ne pas croire ! Ah, mes amis, si le théâtre doit se réduire à ça...

UN CINQUIÈME ACTEUR. – Moi, je trouve ça amusant !

LE TROISIÈME ACTEUR. – Bah ! Après tout, attendons de voir ce que ça va donner !

Et tout en conversant de la sorte, les Acteurs évacuent le plateau, les uns sortant par la petite porte du fond, les autres regagnant les loges.

Le rideau reste levé.

La représentation est interrompue pendant une vingtaine de minutes.

*

La sonnerie de l'entracte prévient les spectateurs que la représentation va reprendre.

Arrivant des loges et par la porte du plateau, et, venant aussi de la salle, les Acteurs, le Régisseur, le Chef machiniste, le

Souffleur et l'Accessoiriste reviennent sur le plateau, et, en même temps, venant de la loge du Directeur, paraissent celui-ci et les Six Personnages.

Une fois éteintes les lumières de la salle, l'éclairage précédent est redonné sur le plateau.

LE DIRECTEUR. – Allons, allons, mesdames et messieurs ! Tout le monde est là ? Attention, attention ! On va commencer ! Machiniste !

LE CHEF MACHINISTE. – Présent !

LE DIRECTEUR. – Plantez-moi tout de suite le décor du petit salon. Il suffira de deux portants et d'une feuille avec une porte. Vite, je vous prie !

Le Chef machiniste part aussitôt en courant exécuter cet ordre, et pendant que le Directeur se concerte avec le Régisseur, l'Accessoiriste, le Souffleur et les Acteurs au sujet de la représentation imminente, il va installer le semblant de décor indiqué : deux portants et une feuille comportant la porte demandée, feuille à rayures roses et or.

LE DIRECTEUR, *à l'Accessoiriste.* – Voyez un peu au magasin si on a un divan-lit.

L'ACCESSOIRISTE – On a le vert.

LA BELLE-FILLE. – Vert ? Non, non ! Il était jaune, à fleurs, un divan en peluche, très grand ! Très confortable !

L'ACCESSOIRISTE. – Un comme ça, on n'en a pas.

LE DIRECTEUR. – Mais peu importe ! mettez celui qu'on a.

LA BELLE-FILLE. – Comment, peu importe ? La fameuse méridienne de Mme Pace !

LE DIRECTEUR. – Pour le moment, c'est simplement pour répéter ! Je vous en prie, ne vous mêlez pas de ça ! *(Au Régisseur :)* Voyez si l'on a une vitrine plutôt longue et basse.

LA BELLE-FILLE. – Et le guéridon, le guéridon d'acajou pour l'enveloppe bleu ciel !

LE RÉGISSEUR, *au Directeur.* – Il y a bien le petit guéridon doré.

LE DIRECTEUR. – D'accord, prenez celui-là !

LE PÈRE. – Et une psyché.

LA BELLE-FILLE. – Et le paravent ! Un paravent ! je vous en prie : sinon, comment est-ce que je ferai ?

LE RÉGISSEUR. – Ne vous inquiétez pas, madame : les paravents, ce n'est pas ce qui nous manque.

LE DIRECTEUR, *à la Belle-fille.* – Et aussi quelques portemanteaux, n'est-ce pas ?

LA BELLE-FILLE. – Oui, des tas, des tas de portemanteaux !

LE DIRECTEUR, *au Régisseur.* – Faites apporter tous ceux qu'on a.

LE RÉGISSEUR. – Je m'en charge !

Il part lui aussi en courant exécuter ces ordres, et, pendant que le Directeur continue de parler avec le Souffleur, puis avec les Personnages et les Acteurs, il va faire transporter par le personnel de plateau les meubles et les accessoires indiqués et les disposera de la manière qu'il juge la meilleure.

LE DIRECTEUR, *au Souffleur.* – Vous, en attendant, prenez place. Tenez : voici le scénario, scène par scène et acte par acte. *(Il lui tend quelques feuilles de papier.)* Mais il va falloir que vous exécutiez un tour de force.

LE SOUFFLEUR. – Que je prenne en sténo ?

LE *DIRECTEUR, agréablement surpris.* – Oh, parfait ! Vous connaissez la sténo ?

LE SOUFFLEUR. – Je ne souffle peut-être pas très bien, mais la sténo...

LE DIRECTEUR. – Mais alors cela va de mieux en mieux ! *(À un Valet de scène :)* Allez dans ma loge chercher du papier – beaucoup de papier – tout ce que vous trouverez !

Le Valet de scène sort en courant et revient peu après avec une grosse liasse de papier qu'il donne au Souffleur.

LE DIRECTEUR, *enchaînant, au Souffleur.* – Suivez bien les scènes au fur et à mesure qu'elles se joueront et tâchez de noter les répliques, du moins les plus importantes ! *(Puis s'adressant aux Acteurs :)* Veuillez faire place, mesdames et messieurs ! Tenez, mettez-vous par là *(il indique sa gauche)* et soyez très attentifs.

LE GRAND PREMIER RÔLE FÉMININ. – Mais, permettez, nous...

LE DIRECTEUR, *prévenant ce qu'elle va dire.* – Rassurez-vous, vous n'aurez pas à improviser !

LE GRAND PREMIER RÔLE MASCULIN. – Qu'est-ce que nous devons faire alors ?

LE DIRECTEUR. – Rien ! Pour le moment, vous contenter d'écouter et de regarder ! Chacun d'entre vous aura ensuite son rôle écrit. Maintenant, tant bien que mal, on va essayer de répéter ! C'est eux qui vont répéter !

Il montre les Personnages.

LE PÈRE, *comme tombant des nues, au milieu du brouhaha qui règne sur le plateau.* – Nous ? Excusez-moi, mais que voulez-vous dire par répéter ?

LE DIRECTEUR. – Répéter ! Une répétition, une répétition pour eux !

Il montre les Acteurs.

LE PÈRE. – Mais puisque c'est nous qui sommes les personnages...

LE DIRECTEUR. – « Les personnages », d'accord ; mais au théâtre, cher monsieur, ce ne sont pas les personnages qui jouent la comédie. Au théâtre, ce sont les acteurs qui la jouent. Quant aux personnages, ils sont là, dans le manuscrit *(il monte le trou du Souffleur)* – lorsqu'il y en a un !

LE PÈRE. – Justement ! Puisqu'il n'y a pas de manuscrit et que vous avez la chance, mesdames et messieurs, de les avoir ici devant vous, vivants, ces personnages...

LE DIRECTEUR. – Oh, elle est bien bonne, celle-là ! Est-ce que vous voudriez tout faire tout seuls ? jouer la pièce, vous présenter vous-mêmes devant le public ?

LE PÈRE. – Mais oui, tels que nous sommes.

LE DIRECTEUR. – Eh bien, je vous assure que ça donnerait un drôle de spectacle !

LE GRAND PREMIER RÔLE MASCULIN. – Et nous autres, qu'est-ce que nous ferions ici, alors ?

LE DIRECTEUR. – Vous n'allez tout de même pas vous imaginer que vous êtes capables de jouer la comédie ! Vous êtes risibles... *(De fait, les Acteurs rient.)* Tenez, vous voyez, ils rient ! *(Se souvenant :)* Mais oui, à propos ! il va falloir distribuer les rôles. Oh, ce ne sera pas difficile : ils sont déjà distribués d'eux-mêmes ; *(au Grand Second Rôle féminin :)* vous, madame, LA MÈRE. *(Au Père :)* Il va falloir lui trouver un nom.

LE PÈRE. – Amalia, monsieur.

LE DIRECTEUR. – Mais ça, c'est le nom de votre femme. Nous n'allons tout de même pas l'appeler par son vrai nom !

LE PÈRE. – Et pourquoi pas, s'il vous plaît ? puisqu'elle s'appelle comme ça... Mais évidemment, si c'est madame qui doit être... *(D'un petit geste de la main il indique discrètement la comédienne.)* Elle *(il montre la Mère)*, pour moi, c'est Amalia, monsieur. Mais faites comme vous voudrez... *(Se troublant de plus en plus :)* Je ne sais plus que vous dire... Je commence déjà... comment dire ? je commence déjà à trouver que les mots que je prononce sonnent faux, comme s'ils n'étaient plus les miens.

LE DIRECTEUR. – Quant à cela, ne vous en préoccupez pas, ne vous en préoccupez surtout pas ! Ce sera à nous de trouver le ton juste ! Et en ce qui concerne le nom, puisque vous tenez à « Amalia », va pour Amalia ; ou bien on en trouvera un autre. Pour le moment, nous désignerons les personnages de la façon suivante : *(au Jeune Premier :)* vous, LE FILS ; *(au Grand Premier Rôle féminin :)* et vous, ma chère amie, bien entendu, LA BELLE-FILLE.

LA BELLE-FILLE, *mise en gaieté.* – Comment, comment ? Moi, celle-là ?

Elle éclate de rire.

LE DIRECTEUR, *furieux.* – Qu'avez-vous à rire ?

LE GRAND PREMIER RÔLE FÉMININ, *indignée.* – Personne n'a jamais osé rire de moi ! J'exige que l'on me respecte, ou je m'en vais !

LA BELLE-FILLE. – Mais non, excusez-moi, ce n'est pas de vous que je ris.

LE DIRECTEUR, *à la Belle-fille.* – Vous devriez vous estimer honorée d'être interprétée par...

LE GRAND PREMIER RÔLE FÉMININ, *très vivement, avec mépris.* – ...« celle-là ! »

LA BELLE-FILLE. – Mais je vous jure que je ne disais pas ça pour vous ! Je le disais pour moi qui ne me vois pas du tout en vous, un point c'est tout. Comment dire ? vous ne... vous ne me ressemblez en rien !

LE PÈRE. – Oui, c'est cela ; c'est bien cela, monsieur ! Notre expression...

LE DIRECTEUR. – ...votre expression ! Vous croyez l'avoir en vous, votre expression, vous autres ? Absolument pas !

LE PÈRE. – Comment ? Nous n'avons pas en nous notre expression ?

LE DIRECTEUR. – Absolument pas ! Sur ces planches, ce que vous avez à exprimer devient le matériau auquel donnent un corps et un visage, une voix et des gestes les acteurs, qui – soit dit pour votre gouverne – ont su donner leur expression à des choses d'une bien plus grande qualité : alors que celles que vous nous proposez sont d'un intérêt si mince que si elles réussissent à tenir la scène, le mérite, croyez-le bien, en reviendra tout entier à mes acteurs.

LE PÈRE. – Je n'aurai pas le front de vous contredire, monsieur. Mais je vous assure que c'est une affreuse souffrance pour nous autres qui sommes tels que vous nous voyez, avec ce corps, avec ce visage...

LE DIRECTEUR, *l'interrompant, impatienté.* – ...mais le maquillage est là pour arranger ça ; oui, cher monsieur, en ce qui concerne le visage, le maquillage est là pour arranger ça !

LE PÈRE. – Oui, oui ; mais la voix, les gestes...

LE DIRECTEUR. – ...oh, à la fin ! Sur une scène, vous, en tant que vous-même, vous n'avez pas votre place ! Sur une scène, il y a l'acteur qui vous représente ; alors, n'en parlons plus.

LE PÈRE. – J'ai compris, monsieur. Mais, maintenant, je devine peut-être aussi pourquoi notre auteur qui nous a vus vivants ainsi, n'a pas voulu ensuite nous composer pour la scène. Je ne voudrais pas offenser vos acteurs. Dieu m'en garde ! Mais je pense qu'en me voyant maintenant représenté...je ne sais par qui...

LE GRAND PREMIER RÔLE MASCULIN, *avec hauteur, se levant et venant vers lui, suivi par les jeunes Actrices qui rient gaiement.* – Par moi, ne vous en déplaise.

LE PÈRE, *humble et mielleux.* – Très honoré, monsieur. *(Il s'incline.)* Mais, voyez-vous, je pense que monsieur aura beau s'employer de toutes ses forces et avec tout son talent à m'accueillir en lui...

Il se trouble.

LE GRAND PREMIER RÔLE MASCULIN. – Veuillez achever, je vous prie !

Rire des Actrices.

LE PÈRE. – Eh bien, je veux dire que la représentation qu'il donnera de moi – même en s'efforçant de me ressembler grâce à son maquillage... – je veux dire qu'étant donné sa taille...*(tous les Acteurs rient)* ce pourra difficilement être une représentation de moi tel que je suis réellement. Il sera plutôt – sans parler de la silhouette – il sera plutôt tel qu'il interprétera celui que je peux être, tel qu'il sentira mon personnage – s'il le sent – et non tel que je me sens intérieurement. Et il me semble que ceux qui seront amenés à porter un jugement sur nous, devraient en tenir compte.

LE DIRECTEUR. – Vous vous inquiétez des jugements de la critique à présent ? Et moi qui vous écoutais encore ! Mais laissez-la dire, la critique ! *(S'écartant et regardant autour de lui :)* Allons, allons ! Le décor est prêt ? *(Aux Acteurs et aux Personnages :)* Dégagez, dégagez ! Que je voie ce que ça donne !

(Il descend dans la salle.) Ne perdons plus de temps ! *(À la Belle-fille :)* Le décor vous paraît-il aller comme ça ?

LA BELLE-FILLE. – Oh, vous savez, moi, à la vérité, je ne m'y retrouve pas du tout !

LE DIRECTEUR. – Encore ? Vous n'allez tout de même pas prétendre qu'on vous bâtisse sur cette scène l'arrière-boutique de Mme Pace telle que vous la connaissez ! *(Au Père :)* Vous m'avez bien dit un petit salon à fleurs ?

LE PÈRE. – Oui, monsieur. Blanc.

LE DIRECTEUR. – Le nôtre n'est pas blanc et il est à rayures : mais peu importe ! En ce qui concerne les meubles, il me semble que ça va à peu près ! Le petit guéridon, un peu plus au premier plan ! *(Les Valets de scène obéissent. À l'Accessoiriste :)* Vous, en attendant, trouvez-moi une enveloppe, si possible bleu ciel, et donnez-la à monsieur.

Il indique le Père.

L'ACCESSOIRISTE. – Une enveloppe de lettre ?

LE DIRECTEUR *et* LE PÈRE. – De lettre, oui, de lettre.

L'ACCESSOIRISTE. – Tout de suite !

Il sort.

LE DIRECTEUR. – Allons, allons ! La première scène est celle de mademoiselle. *(Le Grand Premier Rôle féminin s'avance.)* Mais non, vous, attendez ! je parlais de mademoiselle. *(Il montre la Belle-fille.)* Vous, vous allez regarder…

LA BELLE-FILLE, *enchaînant vivement.* – ...comment je vais la vivre, cette scène !

LE GRAND PREMIER RÔLE FÉMININ, *piquée.* – Mais je saurai bien la vivre, moi aussi, ne vous inquiétez pas : il suffira que je m'y mette !

LE DIRECTEUR, *se prenant la tête à deux mains.* – Je vous en prie, mesdames et messieurs, assez bavardé comme ça ! Donc, la première scène est celle de mademoiselle avec Mme Pace. Oh ! *(se troublant, il regarde autour de lui, et remonte sur le plateau)* et cette Mme Pace ?

LE PÈRE. – Elle n'est pas avec nous, monsieur.

LE DIRECTEUR. – Mais alors, comment va-t-on faire ?

LE PÈRE. – Mais elle est vivante, bien vivante elle aussi !

LE DIRECTEUR. – Je veux bien ! Mais où est-elle ?

LE PÈRE. – Attendez, laissez-moi faire. *(Aux Actrices :)* Si ces dames voulaient bien avoir l'amabilité de me prêter un instant leurs chapeaux.

LES ACTRICES, *un peu surprises, avec des petits rires, en chœur.* – Quoi ? – Nos chapeaux ? – Qu'est-ce qu'il dit ? – Pourquoi ? – Eh bien, celle-là !

LE DIRECTEUR. – Que voulez-vous faire des chapeaux de ces dames ?

Les Acteurs rient.

LE PÈRE. – Oh, simplement les accrocher pendant un moment à ces patères. Et il faudrait également que quelques-unes de ces dames aient l'extrême obligeance d'enlever aussi leurs manteaux.

LES ACTEURS, *même jeu que les Actrices.* – Les manteaux aussi ? – Et c'est tout ? – C'est sûrement un fou !

QUELQUES ACTRICES, *même jeu.* – Mais pourquoi ? – Mon manteau seulement ?

LE PÈRE. – Pour les accrocher un petit moment… Faites-moi cette grâce. Vous voulez bien ?

LES ACTRICES, *tout en continuant de rire, enlèvent leurs chapeaux et certaines d'entre elles enlèvent aussi leurs manteaux et vont les suspendre çà et là aux portemanteaux.* – Pourquoi pas, après tout ? – Tenez ! – Vous savez qu'il est vraiment drôle ! – Il faut que nous les mettions comme pour un étalage ?

LE PÈRE. – Oui, madame, exactement : comme pour un étalage !

LE DIRECTEUR. – Mais est-ce qu'on pourrait savoir pourquoi ?

LE PÈRE. – Eh bien, monsieur, parce que peut-être qu'en complétant ainsi pour elle le décor, peut-être qu'attirée par les objets mêmes de son commerce, qui sait si elle ne va pas venir nous rejoindre…*(Les invitant tous à regarder dans la direction de la porte du fond du plateau :)* Regardez ! regardez !

La porte du fond s'ouvre et Mme Pace apparaît s'avançant de quelques pas. C'est une énorme et grasse mégère, coiffée d'une imposante perruque de laine couleur carotte, avec, d'un côté, à l'espagnole, une rose flamboyante : elle est tout entière fardée, et vêtue avec une élégance ridicule de soie rouge

LA BELLE-FILLE, *accourant.* – La voici ! La voici !

LE PÈRE, *radieux.* – C'est elle ! Qu'est-ce que je vous disais ? La voici !

LE DIRECTEUR, *dominant sa première stupeur, indigné.*
– Non mais, qu'est-ce que c'est que ces manigances ?

LE GRAND PREMIER RÔLE MASCULIN, *presque en
même temps.* – Mais, à la fin, où sommes-nous ?

LE JEUNE PREMIER, *même jeu.* – D'où est-ce qu'elle sort,
celle-là ?

L'INGÉNUE, *même jeu.* – Ils la tenaient en réserve !

LE GRAND PREMIER RÔLE FÉMININ, *même jeu.* – C'est
un vrai tour de passe-passe !

LE PÈRE, *dominant ces protestations.* – Permettez, permettez ! Pourquoi voulez-vous gâcher, au nom d'une vérité vul-
gaire, factuelle, ce prodige d'une réalité qui naît, évoquée, attirée, façonnée par son décor même, et qui a plus le droit de vivre
ici que vous autres, parce que beaucoup plus vraie que vous
autres ? Quelle est parmi vous l'actrice qui jouera ensuite
Mᵐᵉ Pace ? Eh bien : Mᵐᵉ Pace, c'est celle que vous voyez là !
Vous voudrez bien m'accorder que l'actrice qui jouera son rôle
sera moins vraie qu'elle, qui est elle-même en personne ! Re-

gardez : ma fille l'a reconnue et s'est tout de suite approchée d'elle ! Vous allez voir, vous allez voir cette scène !

Hésitants, le Directeur et les Acteurs remontent sur le plateau.

Mais pendant que les Acteurs protestaient et que le Père leur répondait, la scène entre la Belle-fille et Mme Pace a déjà commencé, à mi-voix, très bas, bref, comme dans la vie et comme il ne serait pas possible de le faire sur un plateau de théâtre. De sorte que, lorsque les Acteurs, rappelés à l'ordre par le Père, se tourneront pour regarder et qu'ils verront Mme Pace qui aura déjà mis une main sous le menton de la Belle-fille pour la forcer à lever la tête, l'entendant parler d'une façon tout à fait inintelligible, ils seront très attentifs pendant un moment, puis, peu après, déçus.

LE DIRECTEUR. – Et alors ?

LE GRAND PREMIER RÔLE MASCULIN. – Qu'est-ce qu'elle dit ?

LE GRAND PREMIER RÔLE FÉMININ. – Comme ça on n'entend rien !

LE JEUNE PREMIER. – Plus haut ! Plus haut !

LA BELLE-FILLE, *quittant Mme Pace qui a sur les lèvres un impayable sourire et s'avançant vers le groupe des Acteurs.* – « Plus haut », vraiment ? Vous n'y pensez pas sérieusement ? Ce ne sont pas des choses qu'on peut dire tout haut ! Moi, si j'ai pu les dire tout haut, c'était pour lui faire honte *(elle montre le Père),* car c'est ma vengeance ! Mais pour Mme Pace, mesdames et messieurs, c'est différent : elle risque la prison.

LE DIRECTEUR. – Oh, elle est bien bonne ! Ah, vraiment ? Mais au théâtre, ma chère, il faut se faire entendre. Nous qui sommes sur le plateau, nous n'entendons même pas ! Pensez un peu quand il y aura du public dans la salle ! Il faut que vous jouiez la scène. Et du reste, vous pouvez fort bien vous parler tout haut, parce que nous autres, nous ne serons pas là comme maintenant, à vous écouter : faites comme si vous étiez seules dans une pièce de l'arrière-boutique et que personne ne puisse vous entendre. *(La Belle-fille, gentiment, souriant avec malice, aura fait plusieurs fois signe que non avec le doigt.)* Comment, non ?

LA BELLE-FILLE, *à mi-voix, mystérieusement.* – Il y a quelqu'un qui nous entendra, monsieur, si elle *(elle montre Mᵐᵉ Pace)* parle haut !

LE DIRECTEUR, *au comble de la consternation.* – Il doit nous en débarquer encore un autre ?

Les Acteurs font de nouveau mine de s'enfuir du plateau.

LE PÈRE. – Non, monsieur, non. C'est à moi qu'elle fait allusion. Moi, je dois être là-bas, derrière cette porte, attendant ; et Mᵐᵉ Pace le sait. Et même, si vous permettez ! je vais y aller tout de suite, pour être prêt à faire mon entrée.

Il fait mine de s'éloigner.

LE DIRECTEUR, *l'arrêtant.* – Mais non, attendez ! Le théâtre a des exigences qu'il faut respecter ! Avant que vous fassiez votre entrée...

LA BELLE-FILLE, *l'interrompant.* – Mais si, tout de suite ! qu'il la fasse tout de suite ! Je vous dis que je meurs d'envie de la vivre, de la vivre, cette scène ! S'il veut qu'on commence tout de suite, moi, je le veux plus encore !

LE DIRECTEUR, *criant.* – Mais avant cela, il faut qu'ait lieu, bien claire, la scène entre vous et elle ! *(Il montre Mme Pace.)* Le comprendrez-vous à la fin ?

LA BELLE-FILLE. – Mon Dieu, monsieur, elle vient de me dire ce que vous savez déjà : qu'une fois de plus maman a mal fait son travail, que l'étoffe est abîmée, et qu'il faut que je me résigne si je veux qu'elle continue à nous secourir dans notre misère.

MME PACE, *s'avançant d'un air très important.* – Si, si, señor : porqué yo né veux pas aprovecharmé…avantager migo…

LE DIRECTEUR, *presque avec terreur.* – Comment, comment ? C'est comme ça qu'elle parle ?

> *Tous les Acteurs éclatent bruyamment de rire.*

LA BELLE-FILLE, *riant elle aussi.* – Oui, monsieur, c'est comme ça qu'elle parle, moitié en espagnol, moitié en français, de façon très cocasse !

MME PACE – Ah, ça né mé paraît pas muy poli que vosostros vous riiez dé migo, quand yo tâche dé hablar francés comé podo, señor !

LE DIRECTEUR. – Non, non ! Au contraire ! Parlez comme ça ! parlez comme ça, madame ! Effet certain ! On ne pourrait même rien trouver de mieux pour rompre par une note comique la crudité de la situation. Parlez, parlez comme ça ! C'est parfait !

LA BELLE-FILLE. – Parfait ? Et comment ! S'entendre faire dans un tel baragouin certaines propositions, l'effet est sûr, monsieur, car ça a presque l'air d'une farce ! On se met à rire

quand on entend quelqu'un vous dire qu'il y a « oun viejo señor » qui voudrait « s'amouser con migo » – n'est-ce pas, madame ?

MME PACE – Viejito, si ! viejito, ma yolie, ma es mejor pa-
ra ti : porqué s'il né té plaît pas, el té porte prudencia !

LA MÈRE, *se révoltant, au milieu de la stupeur et de la
consternation de tous les Acteurs qui ne faisaient pas attention
à elle et qui, maintenant, en l'entendant crier, s'élancent en
riant pour la retenir, car pendant ce temps elle aura arraché la
perruque de M*ᵐᵉ *Pace et l'aura jetée par terre.* – Sorcière ! sorcière ! monstre ! C'est ma fille !

LA BELLE-FILLE, *accourant pour la retenir.* – Non, non,
maman, non ! je t'en prie !

LE PÈRE, *accourant lui aussi, simultanément.* – Calme-
toi, calme-toi ! Va te rasseoir !

LA MÈRE. – Mais alors, faites que je ne la voie plus devant
moi !

LA BELLE-FILLE, *au Directeur qui est accouru lui aussi.*
– Il est impossible, absolument impossible que ma mère reste
là !

LE PÈRE, *lui aussi au Directeur.* – Elles ne peuvent pas
être là toutes les deux ensemble ! Et c'est pour cela, vous comprenez, qu'elle n'était pas avec nous quand nous sommes arrivés
ici ! Si elle avait été avec nous, tout, vous le comprendrez aisé-
ment, se serait forcément passé trop tôt.

LE DIRECTEUR. – Peu importe ! Peu importe ! Pour le
moment, tout cela est comme une première ébauche ! Rien n'est
inutile : même ainsi, pêle-mêle, je peux glaner les divers élé-

ments du drame. *(S'adressant à la Mère et l'entraînant pour la faire se rasseoir à sa place :)* Allons, allons, madame, calmez-vous, calmez-vous : veuillez vous rasseoir !

Pendant ce temps, la Belle-fille, gagnant de nouveau le centre du plateau, s'adresse à Mme Pace.

LA BELLE-FILLE. – Eh bien, madame, allons-y !

MME PACE, *vexée.* – Ah, non, muchas gracias ! Yo aqui jé ne fais plous nada en présence dé ta mère.

LA BELLE-FILLE. – Eh bien, alors, faites entrer ce « viejo señor, porqué el s'amouse con migo ! » *(Se tournant vers tous les autres, impérieuse :)* Il faut tout de même finir par la jouer, cette scène ! Alors, jouons-la ! *(À Mme Pace :)* Vous, allez-vous-en !

MME PACE – Ah, yo mé voy, mé voy – pour sour que yo mé voy...

Elle ramasse sa perruque et jetant un regard farouche aux Acteurs qui applaudissent en ricanant, elle sort, furieuse.

LA BELLE-FILLE, *au Père.* – Et vous, faites votre entrée ! Pas besoin de faire le tour ! Venez là ! Faites comme si vous étiez déjà entré ! Tenez : moi, je suis là, baissant la tête – modestement ! – Allez ! Décidez-vous à parler ! Dites-moi d'une voix différente, comme quelqu'un qui arrive de dehors : « Bonjour, mademoiselle...»

LE DIRECTEUR, *qui est déjà redescendu dans la salle.* – Non, mais dites donc ! Qui est-ce qui dirige la répétition ? C'est vous ou c'est moi ? *(Au Père qui le regarde, indécis et perplexe :)* Oui, faites ce qu'elle vous dit : remontez jusqu'au fond, sans sortir, et revenez au premier plan.

*Le Père obéit, comme effaré. Très pâle, mais déjà pénétré
de la réalité de sa vie créée, il sourit en s'approchant, venant
du fond, comme étranger encore au drame qui est sur le point
de s'abattre sur lui. Aussitôt les Acteurs accordent toute leur
attention à la scène qui commence.*

LE DIRECTEUR, *bas, rapidement, au Souffleur qui est
dans son trou.* – Et vous, à présent, notez bien tout !

LA SCÈNE

LE PÈRE, *s'avançant, d'une voix différente.* – Bonjour,
mademoiselle.

LA BELLE-FILLE, *la tête baissée, avec un dégoût contenu.*
– Bonjour.

LE PÈRE, *après l'avoir un instant regardée par-dessous le
chapeau qui lui cache presque le visage, constatant qu'elle est
toute jeune, s'écrie comme pour lui-même, un peu par satisfaction et un peu aussi par crainte de se trouver compromis dans
une aventure dangereuse.* – Ah... – Mais... dites-moi, ce n'est
sans doute pas la première fois, n'est-ce pas ? que vous venez
ici ?

LA BELLE-FILLE, *même jeu.* – Non, monsieur.

LE PÈRE. – Vous y êtes venue une autre fois ? (*Et comme
la Belle-fille fait oui de la tête :*) Plus d'une ? (*Il attend un instant qu'elle réponde, la regarde de nouveau par-dessous son
chapeau, sourit, puis dit :*) Eh bien, alors, voyons... vous ne devriez plus être aussi... Vous permettez que je vous enlève moi-
même votre petit chapeau ?

LA BELLE-FILLE, *vivement, pour prévenir son geste, ne dominant plus son dégoût.* – Non, monsieur : je vais l'enlever moi-même !

Ce qu'elle fait avec une hâte convulsive.

La Mère qui assiste à cette scène, avec le Fils et ses deux autres enfants plus jeunes et plus proches d'elle, lesquels se tiendront toujours près d'elle, à l'écart, du côté opposé à celui des Acteurs, la Mère, donc, est comme sur des charbons ardents ; et c'est avec des expressions différentes, de douleur, d'indignation, d'angoisse ou d'horreur, qu'elle écoute les paroles et suit les gestes de ces deux Personnages ; et tantôt elle se cachera le visage, tantôt poussera un gémissement.

LA MÈRE. – Oh, mon Dieu ! mon Dieu !

LE PÈRE, *en entendant ce gémissement, reste un long moment comme pétrifié, puis il reprend sur le même ton que précédemment.* – Allons, donnez-le-moi : je vais l'accrocher moi-même. *(Il lui prend le chapeau des mains.)* Mais sur une aussi jolie petite tête que la vôtre, je voudrais voir un plus beau chapeau. Vous ne voulez pas m'aider à en choisir un, tout à l'heure, parmi les modèles de Mme Pace ? – Non ?

L'INGÉNUE, *vivement.* – Eh là, doucement ! Ce sont nos chapeaux !

LE DIRECTEUR, *vivement, furibond.* – Silence, bon Dieu ! Ce n'est pas le moment de faire de l'esprit ! – Ça fait partie de la scène ! *(À la Belle-fille :)* Enchaînez, mademoiselle, je vous en prie !

LA BELLE-FILLE, *enchaînant.* – Non, merci, monsieur.

LE PÈRE. – Oh, quoi, ne me dites pas non ! Il faudra bien que vous me disiez oui. Je le prendrais mal... Il y en a de très jolis, regardez ! Et puis, nous ferons plaisir à Mme Pace. C'est exprès qu'elle les expose ici !

LA BELLE-FILLE. – Mais non, monsieur, comprenez : je ne pourrais même pas le porter.

LE PÈRE. – Vous dites sans doute ça à cause de ce qu'on penserait chez vous, en vous voyant rentrer avec un chapeau neuf ? Oh, quoi ! Vous savez comment il faut faire ? Ce qu'il faut raconter à ses parents ?

LA BELLE-FILLE, *avec agitation, n'en pouvant plus.* – Mais ce n'est pas pour ça, monsieur ! Je ne pourrais pas le por- ter, parce que je suis... vous le voyez bien : vous auriez déjà dû vous en apercevoir !

Elle montre sa robe noire.

LE PÈRE. – En deuil ? Ah, oui ! Excusez-moi. C'est vrai : je le vois. Je vous demande pardon. Croyez bien que je suis vrai- ment navré.

LA BELLE-FILLE, *faisant un effort et s'enhardissant aussi pour dominer son mépris et sa nausée.* – Non, monsieur, non ! C'est à moi de vous remercier, et non à vous d'être navré ou de vous attrister. Je vous en prie, ne pensez plus à ce que je viens de vous dire. Pour moi aussi, vous comprendrez... (S'efforçant de sourire, elle ajoute :) Il faut vraiment que j'oublie que je suis habillée comme ça.

LE DIRECTEUR, *vivement, s'adressant au Souffleur dans son trou et remontant sur le plateau.* – Attendez, attendez ! N'écrivez pas, sautez, sautez cette dernière phrase ! (Au Père et à la Belle-fille :) Ça va très bien ! Vraiment très bien ! (Puis au

Père seul :) Maintenant, vous allez enchaîner comme nous en sommes convenus ! *(Aux Acteurs :)* Très jolie, cette petite scène du chapeau, vous ne trouvez pas ?

LA BELLE-FILLE. – Oh, mais c'est maintenant que vient le plus beau ! Pourquoi est-ce qu'on ne continue pas ?

LE DIRECTEUR. – Veuillez patienter un instant ! *(De nouveau aux Acteurs :)* Naturellement, il faudra que cette scène soit jouée avec une certaine légèreté...

LE GRAND PREMIER RÔLE MASCULIN. – ...Oui, avec de la désinvolture...

LE GRAND PREMIER RÔLE FÉMININ. – Mais oui, ça ne sera pas difficile ! *(Au Grand Premier Rôle masculin :)* On pourrait la donner tout de suite, non ?

LE GRAND PREMIER RÔLE MASCULIN. – Oh, quant à moi...Tenez, je vais faire le tour pour mon entrée !

Il sort pour être prêt à rentrer par la porte du fond du décor.

LE DIRECTEUR, *au Grand Premier Rôle féminin.* – Bon, alors, écoutez : la scène entre vous et cette fameuse Mme Pace vient de finir, une scène que je me charge d'écrire plus tard. Vous, vous êtes...Non, où allez-vous ?

LE GRAND PREMIER RÔLE FÉMININ. – Attendez, je remets mon chapeau...

Ce qu'elle fait, après être allée prendre son chapeau au portemanteau.

LE DIRECTEUR. – Ah, oui, très bien ! – Donc, vous êtes là, baissant la tête.

LA BELLE-FILLE, *amusée*. – Mais, elle n'est pas en deuil !

LE GRAND PREMIER RÔLE FÉMININ. – Je le serai et beaucoup plus élégamment que vous !

LE DIRECTEUR, *à la Belle-fille*. – Veuillez vous taire, s'il vous plaît ! Et regardez bien ! Vous pourrez en prendre de la graine ! *(Frappant dans ses mains :)* Eh bien, allez-y ! Faites votre entrée !

Et il redescend dans la salle pour juger de l'effet que produit la scène. La porte du décor s'ouvre et le Grand Premier Rôle masculin s'avance de l'air dégagé et polisson d'un vieux beau. Dès les premières répliques l'exécution de cette scène par les Acteurs doit apparaître comme quelque chose de différent, mais cela, néanmoins, sans avoir, si peu que ce soit, l'air d'une parodie ; cela devrait plutôt faire penser à une version revue et corrigée. Naturellement, comme on verra ci-après, la Belle-fille et le Père, ne pouvant absolument pas se reconnaître dans ce Grand Premier Rôle féminin et dans ce Grand Premier Rôle masculin et les entendant prononcer leurs propres paroles, exprimeront de diverses manières, tantôt par des gestes, tantôt par des sourires et tantôt en protestant franchement, l'impression produite sur eux, une impression de surprise, d'ahurissement, de souffrance, etc. Venant du trou du Souffleur, on entendra nettement la voix de celui-ci.

LE GRAND PREMIER RÔLE MASCULIN. – « Bonjour, mademoiselle… »

LE PÈRE, *très vivement, ne parvenant pas à se contenir*. – Mais non !

*Cependant, la Belle-fille, en voyant entrer de cette ma-
nière le Grand Premier Rôle masculin, a éclaté de rire.*

LE DIRECTEUR, *furieux.* – Allez-vous vous taire ! Et ces-
sez une bonne fois de rire ! On ne peut pas travailler dans ces
conditions !

LA BELLE-FILLE, *venant du proscenium.* – Pardonnez-
moi, monsieur, mais c'est tout naturel ! *(Montrant le Grand
Premier Rôle féminin :)* Mademoiselle est là, immobile, tout à
fait comme il faut ; mais si elle doit être moi, je peux vous assu-
rer qu'en m'entendant dire « bonjour » de cette manière et sur
ce ton, moi, j'aurais éclaté de rire, exactement comme je viens
de le faire !

LE PÈRE, *s'avançant un peu lui aussi.* – Oui, c'est bien
ça...l'air, le ton de monsieur...

LE DIRECTEUR. – Qu'est-ce que vous me racontez avec
votre air et avec votre ton ! Pour le moment, écartez-vous et
laissez-moi voir la répétition !

LE GRAND PREMIER RÔLE MASCULIN, *s'avançant.* – Si
je dois être un homme d'un certain âge, arrivant dans une maison louche...

LE DIRECTEUR. – Mais oui, ne faites donc pas attention,
je vous en prie ! Reprenez, reprenez, reprenez : ça marche très
bien ! *(Attendant que l'Acteur reprenne :)* Donc...

LE GRAND PREMIER RÔLE MASCULIN. – « Bonjour,
mademoiselle...»

LE GRAND PREMIER RÔLE FÉMININ. – « Bonjour...»

LE GRAND PREMIER RÔLE MASCULIN, *refaisant le geste du Père, c'est-à-dire celui de regarder par-dessous le chapeau, mais exprimant ensuite très distinctement d'abord la satisfaction, puis la crainte.* – « Ah... – Mais... dites-moi, ce n'est sans doute pas la première fois, j'espère...

LE PÈRE, *ne pouvant s'empêcher de rectifier.* – Non, pas « j'espère » – « n'est-ce pas ? », « n'est-ce pas ? ».

LE DIRECTEUR. – Il dit « n'est-ce pas » – interrogatif.

LE GRAND PREMIER RÔLE MASCULIN, *indiquant le trou du Souffleur.* – Moi, j'ai entendu « j'espère ! ».

LE DIRECTEUR. – Mais oui, « n'est-ce pas » ou « j'espère », ça revient au même ! Enchaînez, enchaînez. Attendez : peut-être un peu moins appuyé... Tenez, regardez : je vais vous montrer... (*Il remonte sur le plateau, puis jouant lui-même le rôle depuis l'entrée :*) « Bonjour, mademoiselle...»

LE GRAND PREMIER RÔLE FÉMININ. – « Bonjour...»

LE DIRECTEUR. – « Ah, mais... dites-moi...» (*Au Grand Premier Rôle masculin, pour lui faire remarquer la manière dont il a regardé le Grand Premier Rôle féminin par-dessous son chapeau :*) Surprise... crainte et satisfaction... (*Puis reprenant, au Grand Premier Rôle féminin :*) « Ce n'est sans doute pas la première fois, n'est-ce pas ? que vous venez ici...» (*De nouveau, se tournant avec un regard d'intelligence vers le Grand Premier Rôle masculin :*) Vous voyez ce que je veux dire ? (*Au Grand Premier Rôle féminin :*) Et vous alors : « Non, monsieur. » (*De nouveau au Grand Premier Rôle masculin :*) Bref, comment dire ? De l'aisance.

Et il redescend dans la salle.

LE GRAND PREMIER RÔLE FÉMININ. – « Non, monsieur…»

LE GRAND PREMIER RÔLE MASCULIN. – « Vous y êtes déjà venue une autre fois ? Plus d'une ? »

LE DIRECTEUR. – Mais non, attendez ! *(Montrant le Grand Premier Rôle féminin :)* Laissez-lui d'abord le temps de faire signe que oui. « Vous y êtes déjà venue une autre fois ? »

Le Grand Premier Rôle féminin lève légèrement la tête, entrouvrant péniblement les yeux, comme avec dégoût ; puis, à un Baissez la tête *du Directeur, elle hoche deux fois la tête.*

LA BELLE-FILLE, *incapable de se dominer.* – Oh, grand Dieu !

Et aussitôt, elle met la main sur la bouche pour étouffer son rire.

LE DIRECTEUR, *se tournant.* – Qu'est-ce qu'il y a ?

LA BELLE-FILLE, *vivement.* – Rien, rien !

LE DIRECTEUR, *à la Vedette masculine.* – À vous, à vous, enchaînez !

LE GRAND PREMIER RÔLE MASCULIN. – « Plus d'une ? Eh bien, alors, voyons… vous ne devriez plus être aussi… Vous permettez que je vous enlève moi-même votre petit chapeau ? »

Le Grand Premier Rôle masculin dit cette dernière réplique sur un tel ton et l'accompagne d'un tel geste que la Belle-fille, qui a encore les mains sur sa bouche, a beau vouloir se dominer, elle ne parvient plus à contenir le rire qui éclate irrésistiblement entre ses doigts, bruyamment.

LE GRAND PREMIER RÔLE FÉMININ, *indignée, retournant à sa place.* – Oh, mais, moi, je ne suis pas là pour jouer les pitres pour cette personne !

LE GRAND PREMIER RÔLE MASCULIN. – Et moi non plus ! Ça suffit !

LE DIRECTEUR, *à la Belle-fille, hurlant.* – Oui, ça suffît ! Allez-vous finir ?

LA BELLE-FILLE. – Oui, pardonnez-moi... veuillez me pardonner...

LE DIRECTEUR. – Vous êtes une mal élevée ! voilà ce que vous êtes ! Une mal élevée et une présomptueuse !

LE PÈRE, *essayant de s'interposer.* – Oui, oui, vous avez raison, vous avez raison ; mais veuillez lui pardonner...

LE DIRECTEUR, *remontant sur le plateau.* – Que je lui pardonne, quoi ? C'est d'une indécence !

LE PÈRE. – Oui, monsieur, vous avez raison, mais, croyez-moi, cela fait vraiment un effet tellement bizarre...

LE DIRECTEUR. – ... bizarre ? comment ça, bizarre ? pourquoi bizarre ?

LE PÈRE. – Moi, monsieur, j'admire, j'admire sincèrement vos acteurs : monsieur *(il montre la Vedette masculine)*, mademoiselle *(il montre la Vedette féminine)*, mais il est évident... oui, qu'ils ne sont pas nous...

LE DIRECTEUR. – Eh, je pense bien ! Comment voudriez-vous qu'ils soient « vous », puisque ce sont les acteurs ?

LE PÈRE. – Justement, les acteurs ! Et tous les deux, ils jouent très bien nos rôles. Mais, croyez-moi, pour nous cela paraît quelque chose de différent, une chose qui voudrait être la même mais qui ne l'est pas !

LE DIRECTEUR. – Comment, qui ne l'est pas ? Qu'est-ce qu'elle est alors ?

LE PÈRE. – Une chose qui…comment dire ?…qui devient à eux et qui n'est plus à nous.

LE DIRECTEUR. – Mais c'est forcé ! Je vous l'ai déjà dit !

LE PÈRE. – Oui, je comprends, je comprends…

LE DIRECTEUR. – …eh bien, alors, n'en parlons plus ! *(Aux Acteurs :)* Ça signifie que nous répéterons plus tard, entre nous, comme il se doit. Ç'a toujours été une corvée pour moi que de répéter en présence des auteurs ! Ils ne sont jamais contents ! *(Au Père et à la Belle-fille :)* On va reprendre avec vous, et on verra bien si vous êtes capables de cesser de rire.

LA BELLE-FILLE. – Oh, je ne rirai plus, non, je ne rirai plus ! À présent, c'est mon plus beau moment qui arrive. Rassurez-vous !

LE DIRECTEUR. – Alors, quand vous dites : « Je vous en prie, ne pensez plus à ce que je viens de dire…Pour moi aussi – vous le comprendrez ! » – *(Au Père :)* Il faut que vous enchaîniez aussitôt : « Je comprends, ah, si je comprends…! » et que vous lui demandiez immédiatement…

LA BELLE-FILLE, *l'interrompant.* – … comment ! quoi donc ?…

LE DIRECTEUR. – ...la raison de votre deuil !

LA BELLE-FILLE. – Mais non, monsieur ! Écoutez : quand je lui ai dit qu'il ne fallait pas qu'il pense à la façon dont j'étais habillée, vous savez ce qu'il m'a répondu ? « Oh, d'accord ! Eh bien, alors, enlevons-la, enlevons-la vite, cette petite robe ! »

LE DIRECTEUR. – Ah, bravo ! Bravo ! Pour que le public casse mes fauteuils ?

LA BELLE-FILLE. – Mais c'est la vérité !

LE DIRECTEUR. – Je vous en prie, fichez-moi la paix avec votre vérité ! Ici, nous sommes au théâtre ! La vérité, oui, mais jusqu'à un certain point !

LA BELLE-FILLE. – Et alors, est-ce que je peux vous demander ce que vous voulez faire ?

LE DIRECTEUR. – Vous le verrez, vous le verrez ! À présent, laissez-moi faire !

LA BELLE-FILLE. – Non, monsieur ! De ma nausée, de toutes les raisons, l'une plus cruelle et plus ignoble que l'autre, qui font que moi, je suis « celle que je suis », une « fille », vous voudriez sans doute tirer une petite bleuette romantico-sentimentale, avec lui qui me demande pourquoi je suis en deuil et moi qui lui réponds en pleurant que papa est mort il y a deux mois ? Non, non, cher monsieur ! Il faut qu'il me dise comme il l'a fait : « Eh bien, alors, enlevons-la vite, cette petite robe ! » Et moi, avec tout mon deuil dans le cœur, un deuil vieux de deux mois à peine, je suis allée là-bas, vous comprenez ? derrière ce paravent, et avec ces doigts, tremblant de honte et de dégoût, j'ai dégrafé mon corsage, ma jupe...

LE DIRECTEUR, *s'arrachant les cheveux.* – Je vous en prie ! Qu'est-ce que vous racontez ?

LA BELLE-FILLE, *criant, frénétique.* – La vérité ! la vérité, monsieur !

LE DIRECTEUR. – Mais oui, je ne dis pas le contraire, c'est sans doute la vérité…et je comprends, oui, je comprends tout à fait le sentiment d'horreur que vous éprouvez, mademoiselle, mais comprenez, vous aussi, que tout cela n'est pas possible sur une scène !

LA BELLE-FILLE. – Ce n'est pas possible ? Eh bien, alors, merci bien : moi, je ne marche pas !

LE DIRECTEUR. – Mais non, voyons…

LA BELLE-FILLE. – Je ne marche pas ! je ne marche pas ! Ce qui est possible sur une scène, vous l'avez combiné tous les deux tout à l'heure, mais, moi, je ne marche pas ! Je le comprends bien ! Lui, il veut en arriver tout de suite à la représentation de ses *(chargeant)* affres morales ; mais, moi, c'est mon drame, mon drame, c'est le mien que je veux représenter !

LE DIRECTEUR, *agacé, haussant violemment les épaules.* – Oh, à la fin, votre drame, votre drame ! Excusez-moi, mais il n'y a pas seulement le vôtre ! Il y a aussi celui des autres ! Le sien ! *(il montre le Père),* celui de votre mère ! Il est inadmissible qu'un personnage vienne ainsi se mettre au premier plan et qu'il occupe toute la scène au détriment des autres. Il faut les faire entrer tous dans un cadre harmonieux et représenter ce qui est représentable ! Je sais bien, moi aussi, que chacun d'entre nous a en lui toute une vie qui lui est propre et qu'il voudrait l'étaler au grand jour. Mais le difficile, c'est précisément de ne faire apparaître de cette vie que ce qui est nécessaire par rapport aux autres, et cependant, de faire comprendre par le peu qu'on laisse voir toute la vie demeurée secrète ! Ah, ce serait trop commode si chaque personnage pouvait dans un beau monologue ou... carrément... dans une conférence venir déballer devant le public tout ce qui mijote en lui ! *(Sur un ton débonnaire et conciliant :)* Il faut vous modérer, mademoiselle. Et cela, croyez-moi bien, dans votre propre intérêt, car, je vous en avertis, toute cette rage destructrice, tout ce dégoût exacerbé pourraient aussi produire une fâcheuse impression, quand, excusez-moi de vous le rappeler, vous avez vous-même reconnu avoir été avec d'autres hommes avant lui, chez Mme Pace, et cela plus d'une fois !

LA BELLE-FILLE, *baissant la tête, d'une voix profonde, après un instant de réflexion.* – C'est vrai ! Mais pensez que, pour moi, ces autres hommes sont également lui.

LE DIRECTEUR, *ne comprenant pas.* – Comment ça, les autres ? Que voulez-vous dire ?

LA BELLE-FILLE. – Pour une femme qui tombe, monsieur, le responsable de toutes les fautes qui suivent, n'est-il pas toujours celui qui, le premier, a provoqué sa chute ? Et pour moi, c'est lui, avant même que je sois née. Regardez-le, et vous verrez si ce n'est pas vrai !

LE DIRECTEUR. – Bon, bon ! Et le poids sur lui d'un si grand remords, vous trouvez que c'est peu de chose ? Donnez-lui la possibilité de le représenter !

LA BELLE-FILLE. – Mais comment cela, s'il vous plaît ? Je veux dire, comment pourrait-il représenter tous ses « nobles » remords, toutes ses tortures « morales », si vous voulez lui épargner l'horreur de s'être retrouvé un beau jour avec, dans les bras, après l'avoir invitée à enlever sa robe de grand deuil, femme et déjà tombée, la fillette, monsieur, la fillette qu'il allait voir à la sortie de l'école ?

Elle a prononcé ces derniers mots d'une voix tremblante d'émotion.

La Mère, en l'entendant parler ainsi, sous l'empire d'une irrépressible angoisse qui s'exprime d'abord par des gémissements, finit par éclater en sanglots éperdus. L'émotion s'empare de tout le monde. Un long temps.

LA BELLE-FILLE, *aussitôt que la Mère semble se calmer, ajoute, sombre et résolue.* – À présent, nous autres, nous sommes entre nous, encore ignorés du public. Vous, demain, monsieur, vous donnerez de nous le spectacle que vous jugerez bon, le composant à votre guise. Mais voulez-vous le voir vraiment, notre drame ? voulez-vous le voir éclater vraiment, tel qu'il a éclaté ?

LE DIRECTEUR. – Mais oui, je ne demande pas mieux, pour en retenir dès maintenant tout ce qui sera possible !

LA BELLE-FILLE. – Eh bien, faites sortir cette mère.

LA MÈRE, *cessant de pleurer, dans un hurlement.* – Non, non ! Ne le permettez pas, monsieur ! Ne le permettez pas !

LE DIRECTEUR. – Mais c'est seulement pour voir, madame !

LA MÈRE. – Moi, je ne peux pas le supporter ! je ne peux pas !

LE DIRECTEUR. – Excusez-moi, madame, mais puisque tout cela a déjà eu lieu ! Je ne comprends pas !

LA MÈRE. – Non, cela a lieu maintenant et toujours ! Mon supplice n'est pas une fiction, monsieur ! Moi, je suis vivante et présente, toujours, à chaque instant de ce supplice qui est le mien et qui se renouvelle toujours vivant et présent. Mais ces deux pauvres petits-là, est-ce que vous les avez entendus parler ? Ils ne le peuvent plus, monsieur ! S'ils s'agrippent encore à moi, c'est pour maintenir vivant et présent mon supplice : mais eux, pour eux-mêmes, ils n'existent pas, ils n'existent plus ! Et elle *(elle montre la Belle-fille)*, monsieur, elle s'est enfuie, elle m'a échappé et a achevé de se perdre, oui, de se perdre... Et maintenant, si je la vois devant moi, c'est encore pour cela, seulement pour cela, c'est toujours, toujours, pour ranimer toujours en moi, vivante et présente, la souffrance que j'ai éprouvée aussi à cause d'elle !

LE PÈRE, *solennel.* – L'instant éternel, comme je vous l'ai dit, monsieur ! *(Montrant la Belle-fille :)* Elle, elle est là pour me saisir, pour me fixer, me maintenir accroché et suspendu pour l'éternité au pilori, dans ce seul instant fugitif et honteux de ma vie. Elle ne peut pas y renoncer, et vous, monsieur, vous ne pouvez vraiment pas me l'épargner.

LE DIRECTEUR. – Mais oui, je ne dis pas de ne pas représenter cela : et, même, cela formera le noyau de tout le premier acte jusqu'à son arrivée imprévue.

Il montre la Mère.

LE PÈRE. – Oui, c'est ça. Car c'est là mon châtiment, monsieur : tout notre calvaire qui doit culminer dans son cri final !

Il montre lui aussi la Mère.

LA BELLE-FILLE. – Je l'ai encore dans les oreilles, ce cri ! Il m'a rendue folle ! – Vous, monsieur, vous pouvez me porter à la scène comme vous voudrez : peu importe ! Même habillée ; pourvu que j'aie au moins les bras – rien que les bras – nus, parce que, voyez-vous, comme j'étais ainsi *(elle s'approche du*

Père et appuie sa tête contre la poitrine de celui-ci), ma tête appuyée ainsi et mes bras autour de son cou, je voyais battre une veine, là, sur mon bras ; et alors, comme si seule cette veine vivante m'avait fait horreur, j'ai fermé les yeux, comme ceci, comme ceci, et j'ai caché ma tête contre sa poitrine ! *(Se tournant vers la Mère :)* Crie, maman, crie ! *(Elle cache sa tête contre la poitrine du Père et, faisant le gros dos, comme pour ne pas entendre le cri, elle ajoute d'une voix douloureusement étranglée :)* Crie, comme tu as crié alors !

LA MÈRE, *s'élançant pour les séparer.* – Non ! C'est ma fille, c'est ma fille ! *(Et après l'avoir arrachée à lui :)* Brute, brute ! Tu ne vois pas que c'est ma fille ?

LE DIRECTEUR, *reculant, à ce cri, jusqu'à la rampe, au milieu de l'émotion des Acteurs.* – Très bien, oui, très bien ! Et là-dessus, rideau, rideau !

LE PÈRE, *accourant à lui, bouleversé.* – Oui, oui, monsieur : parce que c'est vraiment ainsi que ça s'est passé !

LE DIRECTEUR, *admiratif et convaincu.* – Mais oui, là, sans le moindre doute ! Rideau ! Rideau !

Aux cris réitérés du Directeur, le Chef machiniste baisse le rideau, laissant à l'extérieur de celui-ci, devant la rampe, le Directeur et le Père.

LE DIRECTEUR, *regardant vers le haut et levant les bras.* – Non mais, quel idiot ! Je dis rideau pour indiquer que l'acte doit se terminer ainsi, et on me baisse vraiment le rideau ! *(Au Père, tout en soulevant un pan du rideau pour rentrer en scène :)* Oui, oui, c'est parfait ! parfait ! Effet certain ! Il faut finir là-dessus. Je me porte garant, absolument garant de ce premier acte !

Il disparaît derrière le rideau avec le Père.

*

Lorsque se rouvre le rideau, on voit que les machinistes et le personnel de plateau ont démonté ce premier semblant de décor et l'ont remplacé par un petit bassin du genre de ceux qu'on voit dans les jardins.

D'un côté du plateau sont assis en rang les Acteurs et, de l'autre, les Personnages. Quant au Directeur, il est debout au centre du plateau, une main sur la bouche, poing fermé, dans l'attitude de quelqu'un qui réfléchit.

LE DIRECTEUR, *se secouant, après un temps bref.* – Bon ! et maintenant, occupons-nous du deuxième acte ! Tenons-nous-en à ce que nous avions décidé tout à l'heure : ça marchera très bien !

LA BELLE-FILLE. – Notre arrivée chez lui (*elle montre le Père*), en dépit de sa mauvaise humeur à lui !

Elle montre le Fils.

LE DIRECTEUR, *impatienté.* – D'accord ; mais laissez-moi faire, je vous dis !

LA BELLE-FILLE, *parlant du Fils.* – Pourvu que sa mauvaise humeur apparaisse bien clairement !

LA MÈRE, *de sa place, hochant la tête.* – Pour tout le bonheur que ça nous a valu...

LA BELLE-FILLE, *se tournant vivement vers elle.* – Peu importe ! Plus grand notre malheur, plus grand son remords !

LE DIRECTEUR, *impatienté*. – J'ai compris, j'ai compris ! Et on tiendra compte de cela, surtout au début ! Ne craignez rien !

LA MÈRE, *suppliante*. – Mais, je vous en prie, monsieur, faites en sorte qu'on comprenne bien, pour la paix de ma conscience, que j'ai tenté par tous les moyens...

LA BELLE-FILLE, *enchaînant vivement, avec une sorte de mépris*. – ...de me calmer, de me persuader de ne pas faire un pareil affront à ce fils ! *(Au Directeur :)* Oui, faites ça pour elle, car ce qu'elle dit est la vérité ! Pour moi, ce sera plus qu'un plaisir, car, de toute façon, c'est évident : plus elle supplie comme ça, plus elle tente de trouver le chemin de son cœur, et plus il se tient à distance, plus il est « absent » ! Un régal pour moi !

LE DIRECTEUR. – Est-ce qu'on va pouvoir enfin l'attaquer, ce deuxième acte ?

LA BELLE-FILLE. – Je ne dis plus rien ! Mais je vous préviens qu'il ne sera pas possible que tout se passe dans le jardin, comme vous le voudriez !

LE DIRECTEUR. – Pourquoi ça ?

LA BELLE-FILLE. – Parce que lui *(elle indique de nouveau le Fils)*, il reste tout le temps enfermé dans sa chambre, à l'écart ! Et puis, comme je vous l'ai dit, c'est à l'intérieur de la maison que doit se dérouler tout le rôle de ce pauvre garçon égaré.

LE DIRECTEUR. – Oui, oui ! Mais d'autre part, vous le comprendrez, nous ne pouvons tout de même pas mettre des écriteaux ou changer de décor à vue trois ou quatre fois par acte !

LE GRAND PREMIER RÔLE MASCULIN. – Ça se faisait jadis...

LE DIRECTEUR. – Oui, quand le public était sans doute comme cette fillette !

LE GRAND PREMIER RÔLE FÉMININ. – Et l'illusion plus facile !

LE PÈRE, *avec éclat, se levant*. – L'illusion ? Oh, je vous en prie, ne parlez pas d'illusion ! N'employez pas ce mot qui, pour nous, est particulièrement cruel !

LE DIRECTEUR, *abasourdi*. – Cruel ? Pourquoi ça, s'il vous plaît ?

LE PÈRE. – Mais oui, cruel ! cruel ! Et vous devriez le comprendre !

LE DIRECTEUR. – Comment devrions-nous dire alors ? L'illusion que nous devons créer sur cette scène, pour le public...

LE GRAND PREMIER RÔLE FÉMININ. – ...grâce à la re-présentation que nous donnons...

LE DIRECTEUR. – ...l'illusion d'une réalité !

LE PÈRE. – Je comprends bien, monsieur...Mais peut-être est-ce vous, en revanche, qui ne pouvez pas nous comprendre. Pardonnez-moi ! Parce que, voyez-vous, ici, pour vous et pour vos acteurs, il s'agit seulement – et c'est normal – d'un jeu.

LE GRAND PREMIER RÔLE FÉMININ, *très vivement, indignée*. – D'un jeu ? Nous ne sommes pas des enfants ! Ici, on joue la comédie sérieusement.

LE PÈRE. – Je ne dis pas le contraire. Et, de fait, j'entends par là le jeu de votre art, qui – comme le dit monsieur – doit justement donner une parfaite illusion de réalité.

LE DIRECTEUR. – Oui, justement !

LE PÈRE. – Eh bien, si vous pensez que nous autres, en tant que nous sommes nous-mêmes *(il indique lui-même et, brièvement, les cinq autres Personnages)*, nous n'avons pas d'autre réalité que cette illusion !

LE DIRECTEUR, *abasourdi, regardant ses Acteurs qui sont eux aussi comme interdits et troublés.* – Que voulez-vous dire ?

LE PÈRE, *après les avoir un instant observés, avec un pâle sourire.* – Mais oui, mesdames et messieurs ! Quelle autre réalité ? Ce qui pour vous est une illusion qu'il faut créer, pour nous, par contre, c'est notre seule réalité. *(Un temps bref. Il s'avance de quelques pas vers le Directeur et ajoute :)* Mais cela, du reste, n'est pas seulement vrai pour nous, vous savez ! Réfléchissez bien. *(Le regardant dans les yeux :)* Pouvez-vous me dire qui vous êtes ?

Et il reste, l'index pointé sur lui.

LE DIRECTEUR, *troublé, avec un demi-sourire.* – Comment, qui je suis ? – Je suis moi !

LE PÈRE. – Et si je vous disais que ce n'est pas vrai, parce que vous êtes moi ?

LE DIRECTEUR. – Je vous répondrais que vous êtes fou !

Les Acteurs rient.

LE PÈRE. – Vous avez raison de rire, car, ici, on joue ; *(au Directeur :)* et vous pouvez donc m'objecter que c'est seulement parce qu'il s'agit d'un jeu que ce monsieur *(il montre le Grand Premier Rôle masculin),* qui est « lui », doit être « moi », et que, vice versa, je suis, moi, « celui-ci ». Vous voyez que je vous ai pris au piège ?

Les Acteurs se remettent à rire.

LE DIRECTEUR, *agacé.* – Mais on a déjà dit ça tout à l'heure ! On ne va pas recommencer ?

LE PÈRE. – Non, non. De fait, ce n'est pas ce que je voulais dire. Je vous invite même à sortir de ce jeu *(regardant le Grand Premier Rôle féminin, comme pour prévenir une interruption :)* – un jeu d'art ! d'art ! – auquel vous avez coutume de jouer sur cette scène avec vos acteurs, et je vous demande de nouveau sérieusement : qui êtes-vous ?

LE DIRECTEUR, *s'adressant comme stupéfait et irrité à la fois aux Acteurs.* – Oh, mais vous savez qu'il faut un fameux toupet ! Quelqu'un qui se fait passer pour un personnage, venir me demander à moi qui je suis !

LE PÈRE, *avec dignité, mais sans hauteur.* – Un personnage, monsieur, peut toujours demander à un homme qui il est. Parce qu'un personnage a vraiment une vie à lui, marquée de caractères qui lui sont propres et à cause desquels il est toujours « quelqu'un ». Alors qu'un homme – je ne parle pas de vous à présent – un homme pris comme ça, en général, peut n'être « personne ».

LE DIRECTEUR. – Soit ! Mais vous me le demandez à moi qui suis le Directeur de ce théâtre ! le Chef de troupe ! Vous avez compris ?

LE PÈRE, *presque en sourdine, avec une humilité mielleuse.* – Je vous le demande seulement, monsieur, pour savoir si, vraiment, tel que vous êtes à présent, vous vous voyez... tel que vous voyez, par exemple, avec le recul du temps, celui que vous étiez autrefois, avec toutes les illusions que vous vous faisiez alors, avec, en vous et autour de vous, toutes les choses telles qu'elles vous semblaient être alors – et telles qu'elles étaient réellement pour vous ! – Eh bien, monsieur, en repensant à ces illusions que vous ne vous faites plus à présent, à toutes ces choses qui, maintenant, ne vous « semblent » plus être ce qu'elles « étaient » jadis pour vous, est-ce que vous ne sentez pas se dérober sous vos pieds, je ne dis pas les planches de ce plateau, mais le sol, le sol lui-même, à la pensée que, pareillement, « celui » que vous avez le sentiment d'être maintenant, toute votre réalité telle qu'elle est aujourd'hui est destinée à vous paraître demain une illusion ?

LE DIRECTEUR, *sans avoir très bien compris, effaré par cette argumentation spécieuse.* – Et alors ? Où voulez-vous en venir ?

LE PÈRE. – Oh, à rien, monsieur. Qu'à vous faire voir que si nous autres *(il indique de nouveau lui-même et les autres Personnages),* nous n'avons pas d'autre réalité que l'illusion, vous feriez bien, vous aussi, de vous défier de votre réalité, de celle que vous respirez et que vous touchez en vous aujourd'hui, parce que – comme celle d'hier – elle est destinée à se révéler demain pour vous une illusion.

LE DIRECTEUR, *se décidant à prendre la chose en plaisanterie.* – Ah, oui ! Et dites donc, pendant que vous y êtes, que vous-même, avec cette pièce que vous venez me jouer ici, vous êtes plus vrai et plus réel que moi !

LE PÈRE, *avec le plus grand sérieux.* – Mais sans aucun doute, monsieur !

LE DIRECTEUR. – Ah, oui ?

LE PÈRE. – Je croyais que vous l'aviez compris dès le début.

LE DIRECTEUR. – Plus réel que moi ?

LE PÈRE. – Puisque votre réalité peut changer du jour au lendemain...

LE DIRECTEUR. – Mais bien sûr qu'elle peut changer ! Elle change continuellement : comme celle de tout le monde !

LE PÈRE, *dans un cri.* – Mais pas la nôtre, monsieur ! Vous comprenez ? C'est là toute la différence ! Elle ne change pas, elle ne peut pas changer, ni jamais être une autre, parce qu'elle est déjà fixée – déjà ainsi – déjà « celle-ci » – pour toujours – (c'est terrible, monsieur !) une réalité immuable, qui devrait vous faire frissonner tous quand vous vous approchez de nous !

LE DIRECTEUR, *avec un mouvement de colère, se plantant devant lui parce qu'il vient soudain d'avoir une idée.* – Mais moi, ce que je voudrais savoir, c'est si l'on a jamais vu un personnage qui, sortant de son rôle, s'est mis à palabrer comme vous le faites, à commenter, à expliquer son rôle. Pouvez-vous me le dire ? Moi, je n'ai jamais vu ça !

LE PÈRE. – Vous ne l'avez jamais vu, monsieur, parce que, d'ordinaire, les auteurs dissimulent les affres de leur création. Lorsque les personnages sont vivants, vraiment vivants devant leur auteur, celui-ci ne fait pas autre chose que les suivre dans l'action, dans les paroles, dans les gestes que précisément ils lui proposent, et il faut qu'il les veuille tels qu'ils se veulent, et gare à lui s'il ne le fait pas ! Quand un personnage est né, il acquiert aussitôt une telle indépendance, même vis-à-vis de son auteur, que tout le monde peut l'imaginer dans nombre d'autres situations où son auteur n'a pas songé à le mettre, et qu'il peut aussi, parfois, acquérir une signification que son auteur n'a jamais songé à lui donner !

LE DIRECTEUR. – Mais oui, cela, je le sais !

LE PÈRE. – Eh bien, alors, pourquoi cet étonnement devant nous ? Imaginez pour un personnage le malheur dont je vous ai parlé, le malheur d'être né vivant de l'imagination d'un auteur qui, ensuite, a voulu lui refuser la vie, et dites-moi si ce personnage abandonné de la sorte, à la fois vivant et sans vie, n'a pas raison de se mettre à faire ce que nous sommes en train de faire, nous autres, maintenant, ici, devant vous, après l'avoir fait bien des fois, je vous assure, devant lui pour le persuader, pour le presser d'écrire, en lui apparaissant, tantôt moi, tantôt elle *(il montre la Belle-fille),* tantôt cette pauvre mère...

LA BELLE-FILLE, *s'avançant comme une somnambule.* – C'est vrai, moi aussi, moi aussi, monsieur, pour le tenter, si souvent, dans la mélancolie de son bureau, à l'heure du crépuscule, quand, affalé dans un fauteuil, il ne parvenait pas à se décider à tourner le bouton de l'électricité et qu'il laissait l'ombre envahir la pièce, et que cette ombre grouillait de nous autres qui venions le tenter... *(Comme se voyant encore dans ce bureau et comme gênée par la présence de tous ces Acteurs :)* Si vous pouviez tous vous en aller ! si vous nous laissiez seuls ! Maman, là, avec ce fils – moi avec cette fillette – ce garçon, là-bas, toujours seul – et puis moi avec lui *(elle indique à peine le Père)...* et puis moi seule, moi toute seule...– dans cette pénombre *(elle bondit soudain, comme si, dans cette vision qu'elle a d'elle-même, lumineuse et vivante dans cette ombre, elle voulait se saisir),* ah, ma vie ! Les scènes, les scènes que nous venions lui proposer ! Moi, c'est moi qui plus que tous les autres le tentais !

LE PÈRE. – Oui ! Mais c'est sans doute à cause de toi, précisément à cause de ta trop grande insistance, à cause de tous tes excès !

LA BELLE-FILLE. – Qu'est-ce que tu racontes ! Puisque c'est lui-même qui m'a voulue ainsi ! *(S'approchant du Directeur pour lui dire comme en confidence :)* Moi, monsieur, je crois plutôt que c'est par découragement ou par mépris pour le théâtre tel que le public le voit et le veut d'ordinaire...

LE DIRECTEUR. – Poursuivons, poursuivons, bon Dieu, et venons-en au fait, mesdames et messieurs !

LA BELLE-FILLE. – Oh, mais, permettez, il me semble qu'avec notre arrivée chez lui *(elle montre le Père)*, des faits, vous en avez plus qu'il ne vous en faut ! Vous venez de dire que vous ne pouviez pas mettre des écriteaux ou changer de décor toutes les cinq minutes !

LE DIRECTEUR. – Oui ! Mais justement ! Il s'agit de les combiner, ces faits, de les grouper dans une action simultanée et serrée, et non pas de voir, comme vous le voudriez, de voir d'abord votre jeune frère qui rentre de l'école et qui erre dans la maison comme une ombre, se cachant derrière les portes pour méditer un projet dans lequel...comment avez-vous dit ?

LA BELLE-FILLE. – Il se dissout, monsieur, il se dissout tout entier !

LE DIRECTEUR. – Première fois que j'entends cette expression ! Eh bien, d'accord : et « n'ayant que ses yeux qui grandissent », n'est-ce pas ?

LA BELLE-FILLE. – Oui, monsieur : tel que vous le voyez là !

LE DIRECTEUR. – Bravo ! Et puis, en même temps, vous voudriez aussi qu'on ait dans le jardin cette fillette qui joue sans se douter de rien. Lui, à l'intérieur de la maison et elle dans le jardin : est-ce possible ?

LA BELLE-FILLE. – Oh, monsieur, au soleil, heureuse ! Sa gaieté, ses rires dans ce jardin, c'est mon seul réconfort : elle, tirée de la misère, arrachée à la tristesse de la chambre sordide où nous couchions tous les quatre – et moi avec elle – moi, pensez-y ! avec l'horreur de mon corps souillé, moi, près d'elle qui me serrait très fort dans ses petits bras tendres et innocents. Au jardin, dès qu'elle me voyait, elle accourait me prendre par la main. Elle n'avait pas un seul regard pour les grandes fleurs ; au lieu de cela, elle allait à la découverte de toutes les « pitites, pitites », et elle tenait à me les montrer, en riant, ah, comme elle riait !

En disant cela, déchirée par ce souvenir, elle éclate en longs sanglots désespérés, laissant tomber sa tête sur ses bras allongés sur le guéridon. L'émotion s'empare de tous. Le Directeur s'approche d'elle presque paternellement et lui dit pour la réconforter :

LE DIRECTEUR. – Ne vous inquiétez pas, on l'aura, on l'aura votre jardin, et vous verrez qu'il vous plaira ! Nous allons y grouper toutes les scènes. *(Appelant par son nom l'un des Machinistes :)* Eh, toi, envoie-moi quelques arbres ! Deux petits cyprès, là, devant le bassin !

On voit descendre des cintres deux petits cyprès. Le Chef Machiniste accourt et en fixe avec des clous les deux socles.

LE DIRECTEUR, *à la Belle-fille.* – Pour le moment, comme ça, vaille que vaille, juste pour se faire une idée. *(Appe-*

lant de nouveau par son nom le Machiniste :) Et maintenant
envoie-moi un ciel !

LE MACHINISTE, *des cintres.* – Comment ?

LE DIRECTEUR. – Un ciel ! Une toile de fond derrière le
bassin ! *(On voit descendre des cintres une toile de fond
blanche.)* Mais non, pas blanche ! Je t'ai dit un ciel ! Bon, ça ne
fait rien : je vais arranger ça. *(Appelant :)* Eh, électro, éteins
tout et donne-moi un peu d'atmosphère... une atmosphère de
clair de lune... les herses au bleu, au bleu, et un projecteur au
bleu sur la toile...Comme ça, oui ! Ça va !

*À son commandement il se sera créé une mystérieuse at-
mosphère de clair de lune, qui incitera les Acteurs à parler et à
bouger comme si c'était le soir, dans un jardin, sous la lune.*

LE DIRECTEUR, *à la Belle-fille.* – Et voilà ! vous voyez ?
Et maintenant, au lieu de se cacher derrière les portes, le petit
jeune homme pourrait errer là, dans le jardin, et se cacher derrière les arbres. Mais vous comprendrez qu'il sera difficile de
trouver une fillette qui joue convenablement avec vous la scène
où elle vous montre les petites fleurs. *(À l'Adolescent :)* Vous,
avancez plutôt ! venez plutôt un peu là ! Nous allons essayer de
fixer un peu les choses ! *(Et comme l'Adolescent ne bouge pas :)*
Allons, voyons, venez ! *(Puis l'amenant où il veut et tâchant de
lui faire tenir droite la tête, laquelle retombe chaque fois :)* Ah,
mais, dites donc, un fameux problème ce garçon aussi... Mais
qu'est-ce qu'il a ?... Bon sang, il faudrait pourtant qu'il dise
quelque chose... *(S'approchant de lui, il lui met une main sur
l'épaule et l'amène derrière les arbres.)* Venez, venez un peu là,
que je voie ! Cachez-vous un peu là derrière...Comme ça...Es-
sayez de pencher un peu la tête, comme si vous étiez aux
aguets... *(Il s'écarte pour juger de l'effet ; et aussitôt que
l'Adolescent exécute le mouvement demandé, provoquant
l'effarement des Acteurs que cela impressionne grandement :)*

Ah, très bien... très bien... *(À la Belle-fille :)* Dites-moi, et si la petite, en le surprenant ainsi aux aguets, accourait vers lui et lui arrachait au moins quelques mots ?

LA BELLE-FILLE, *se levant.* – N'espérez pas qu'il ouvre la bouche aussi longtemps que lui sera là ! *(Elle montre le Fils.)* Il faudrait que vous commenciez par le renvoyer, lui !

LE FILS, *se dirigeant avec décision vers l'un des petits escaliers.* – Mais tout de suite ! Très heureux ! Je ne demande pas mieux !

LE DIRECTEUR, *vivement, le retenant.* – Non ! Où allez-vous ? Attendez !

La Mère se lève, bouleversée, angoissée à la pensée que le Fils s'en va vraiment et, instinctivement, bien que sans bouger de sa place, elle tend les bras pour le retenir.

LE FILS, *qui est arrivé à la rampe, au Directeur qui le retient.* – Moi, je n'ai vraiment rien à faire ici ! Laissez-moi partir, je vous en prie ! Laissez-moi partir !

LE DIRECTEUR. – Comment ça, vous n'avez rien à faire ici ?

LA BELLE-FILLE, *placidement mais avec ironie.* – Ne le retenez donc pas ! Il ne s'en ira pas !

LE PÈRE. – Il faut qu'il ait la terrible scène du jardin avec sa mère !

LE FILS, *vivement, avec décision et violence.* – Moi, pas question ! Et je l'ai déclaré dès le début ! *(Au Directeur :)* Laissez-moi partir !

LA BELLE-FILLE, *accourant, au Directeur.* – Vous permettez, monsieur ? *(Le forçant à baisser les bras et à lâcher le Fils :)* Lâchez-le ! *(Puis au Fils, dès que le Directeur l'a lâché :)* Eh bien, va-t'en ! *(Le Fils reste tendu vers le petit escalier, mais, comme enchaîné par un pouvoir occulte, il ne peut pas en descendre les marches ; puis, au milieu de la stupeur et de l'effarement angoissé des Acteurs, il longe lentement la rampe, en direction de l'autre petit escalier du plateau ; arrivé là, il y reste aussi, tendu en avant, sans pouvoir descendre. La Belle-fille qui l'aura suivi des yeux, dans une attitude de défi, éclate de rire :)* Il ne peut pas, vous voyez ? il ne peut pas ! Il est forcé de rester là, lié à sa chaîne, indissolublement. Mais si moi qui prends mon vol, monsieur, lorsque arrive ce qui doit arriver – et cela précisément à cause de la haine que j'éprouve pour lui, précisément pour ne plus l'avoir devant les yeux – eh bien, si moi, je suis encore là et si je supporte encore sa vue et sa compagnie – pensez un peu s'il pourrait s'en aller, lui qui doit, qui doit vraiment rester là, avec son joli père et avec cette mère qui n'aura plus d'autre enfant que lui...*(À la Mère :)* Allons, allons, maman ! Viens... *(Au Directeur, la lui montrant :)* Regardez, elle s'était levée, elle s'était levée pour le retenir...*(À la Mère, la faisant venir à elle comme par magie :)* Viens, viens donc... *(Puis, au Directeur :)* Je vous laisse à penser le déchirement que cela peut être pour elle que d'avoir à laisser voir à vos acteurs ce qu'elle éprouve ; mais l'ardent désir qu'elle a de s'approcher de lui est tel que – tenez, vous voyez ? – elle est prête à vivre sa scène !

De fait, la Mère s'est approchée et, dès que la Belle-fille a prononcé ces derniers mots, elle ouvre les bras pour dire qu'elle est d'accord.

LE FILS, *vivement.* – Ah, mais pas moi ! Pas moi ! Si je ne peux pas m'en aller, je resterai ici, mais, je vous le répète, moi, je ne vivrai pas la moindre scène !

LE PÈRE, *au Directeur, frémissant.* – Vous, monsieur, vous pouvez l'y obliger !

LE FILS. – Personne ne peut m'y obliger !

LE PÈRE. – Moi, je vais t'y obliger !

LA BELLE-FILLE. – Attendez ! Attendez ! D'abord, la scène de la fillette au bassin ! *(Elle court chercher la Fillette et, s'agenouillant devant elle, elle lui prend dans les mains son petit visage.)* Ma pauvre petite chérie, toi, tu regardes tout ça, éperdue, avec tes grands beaux yeux : Dieu sait où tu crois être ! Nous sommes sur un plateau de théâtre, ma chérie ! Qu'est-ce que c'est, un plateau ? Mais, tu vois ? c'est un lieu où l'on joue à jouer pour de vrai. On y joue la comédie. Et nous deux, maintenant, on va jouer la comédie. Pour de vrai, tu sais ! Toi aussi... *(Elle l'étreint, la serrant sur sa poitrine et la berçant un peu.)* Oh, ma petite chérie, ma petite chérie, la vilaine comédie que tu vas jouer ! l'horrible chose qu'on a imaginée pour toi ! Ce jardin, ce bassin... Oh, bien sûr, ce n'est pas un vrai bassin ! Le malheur, ma chérie, c'est qu'ici tout est faux ! Ah, mais oui, peut-être que toi, ma petite Rosetta, qui es une enfant, tu aimes mieux un faux bassin qu'un vrai : pour pouvoir jouer dedans, hein ? Mais non, pour les autres ce sera un jeu, mais, hélas ! pas pour toi qui es vraie, mon amour, et qui joues pour de vrai dans un vrai bassin, un grand bassin, tout vert, avec des tas de bambous qui y font de l'ombre, et avec des tas, des tas de petits canards qui nagent dessus, fendant cette ombre...Toi, tu voudrais en attraper un de ces petits canards... *(Dans un hurlement qui emplit tout le monde d'effroi :)* Non, ma petite Rosetta, non ! À cause de sa canaille de fils, maman ne s'occupe pas de toi ! Et moi, je suis avec tous mes démons dans la tête... Et celui-là... *(Abandonnant la Fillette, elle s'adresse avec son habituelle mauvaise humeur à l'Adolescent :)* Qu'est-ce que tu fabriques là, avec cet éternel air de mendiant ? Ce sera aussi par ta faute si cette petite se noie : à cause de ton attitude, comme si moi, en vous faisant entrer dans cette maison, je n'avais pas payé pour tous ! *(Le saisissant par un bras pour le forcer à tirer une main de sa poche :)* Qu'est-ce que tu as dans ta poche ? Qu'y caches-tu ? Allons, sors ta main de ta poche ! *(Lui arrachant la main de sa poche, elle s'aperçoit, au milieu de l'horreur générale, que cette main tient un revolver. Elle le regarde un instant comme satisfaite, puis dit, sombre :)* Ah ! Où et comment te l'es-tu procuré ? *(Et, comme l'Adolescent, effrayé, et toujours avec des yeux écarquillés et vides, ne répond pas :)* Idiot, moi, à ta place, au lieu de me tuer, j'aurais tué l'un de ces deux-là ou bien tous les deux : le père et le fils !

Elle le repousse derrière le petit cyprès où il se tenait aux aguets, puis, prenant la Fillette, elle la couche dans le bassin, l'étendant de telle sorte qu'on ne puisse plus la voir ; finalement, elle s'effondre, le visage dans ses bras appuyés au rebord du bassin.

LE DIRECTEUR. – Parfait ! *(Au Fils :)* Et vous, en même temps...

LE FILS, *avec colère.* – Qu'est-ce que vous me chantez, en même temps ? Ce n'est pas vrai, monsieur ! Il n'y a jamais eu la moindre scène entre elle et moi ! *(Il montre la Mère.)* Demandez-lui de vous dire elle-même comment ça s'est passé.

Cependant, le Grand Second Rôle féminin et le Jeune Premier se seront détachés du groupe des Acteurs, et la première se sera mise à observer très attentivement la Mère qui sera en face d'elle, et le second le Fils, afin de pouvoir ensuite interpréter leurs rôles.

LA MÈRE. – Oui, monsieur, c'est la vérité ! Moi, j'étais entrée dans sa chambre.

LE FILS. – Vous avez entendu, dans ma chambre ! Pas au jardin !

LE DIRECTEUR. – Mais c'est sans importance ! J'ai dit qu'il fallait grouper l'action !

LE FILS, *s'apercevant que le Jeune Premier l'observe.* – Qu'est-ce que vous voulez, vous ?

LE JEUNE PREMIER. – Rien ; je vous observe.

LE FILS, *se tournant de l'autre côté, au Grand Second Rôle féminin.* – Ah !... et vous aussi, vous êtes là ? Pour interpréter son rôle ?

Il montre la Mère.

LE DIRECTEUR. – Tout juste ! Tout juste ! Et vous devriez leur être reconnaissants, il me semble, de l'attention qu'ils vous prêtent !

LE FILS. – Ah, oui ! Merci beaucoup ! Mais vous n'avez donc pas encore compris que vous ne pouviez pas la faire, cette pièce ? Nous autres, nous ne sommes pas en vous, et c'est de l'extérieur que vos acteurs nous regardent. Est-ce que vous croyez possible de vivre devant un miroir qui, de plus, non content de nous glacer par l'image de notre propre expression, nous la restitue comme une caricature méconnaissable de nous-mêmes ?

LE PÈRE. – C'est vrai ça ! C'est bien vrai ! Soyez-en persuadé !

LE DIRECTEUR, *au Jeune Premier et au Grand Second Rôle féminin.* – Bon. Allez-vous-en de là !

LE FILS. – C'est inutile ! Moi, je refuse de m'exhiber !

LE DIRECTEUR. – Pour le moment, taisez-vous, et laissez-moi écouter votre mère ! *(À la Mère :)* Donc ? Vous étiez entrée ?

LA MÈRE. – Oui, monsieur, dans sa chambre, n'y tenant plus. Pour vider mon cœur de toute l'angoisse qui m'oppresse. Mais aussitôt qu'il me voit entrer...

LE FILS. – ... pas l'ombre d'une scène ! Je suis parti ; je suis parti justement pour éviter une scène ! Parce que moi, je n'ai jamais eu de scène avec personne ; vous avez compris ?

LA MÈRE. – C'est vrai ! C'est ainsi. C'est bien ainsi !

LE DIRECTEUR. – Mais, maintenant, il va pourtant falloir qu'elle ait lieu, cette scène entre vous et lui ! Elle est indispensable !

LA MÈRE. – Quant à moi, monsieur, je suis prête ! Si seulement vous pouviez me donner la possibilité de pouvoir lui parler un instant, de pouvoir lui dire tout ce que j'ai dans le cœur.

LE PÈRE, *s'approchant du Fils, très violemment.* – Tu vas l'avoir, cette scène ! pour ta mère ! pour ta mère !

LE FILS, *plus décidé que jamais.* – Pas question !

LE PÈRE, *le prenant à bras-le-corps et le secouant.* – Bon Dieu, obéis ! Obéis ! Tu n'entends pas comme elle te parle ? Tu n'as donc pas d'entrailles ?

LE FILS, *le prenant lui aussi à bras-le-corps.* – Non ! Non ! et finis-en une bonne fois !

Émotion générale. La Mère, épouvantée, essaie de s'interposer et de les séparer.

LA MÈRE. – Je vous en prie ! Je vous en prie !

LE PÈRE, *sans le lâcher.* – Tu vas obéir ! Tu vas obéir !

LE FILS, *se colletant avec lui et, finalement, au milieu de l'horreur générale, le jetant par terre, près de l'un des petits escaliers.* – Mais qu'est-ce que c'est que cette frénésie qui t'a pris ? Il faut ne pas avoir la moindre pudeur pour étaler ainsi devant tout le monde sa honte et la nôtre ! Moi, je refuse de me prêter à cette exhibition ! je m'y refuse ! Et c'est ainsi que j'interprète la volonté de celui qui n'a pas voulu nous porter à la scène !

LE DIRECTEUR. – Mais puisque vous y êtes tous venus de vous-mêmes !

LE FILS, *montrant du doigt le Père.* – Lui, pas moi !

LE DIRECTEUR. – Et vous n'êtes pas là, vous aussi ?

LE FILS. – C'est lui qui a voulu venir, nous entraînant tous à sa suite et s'employant aussi à combiner tout à l'heure avec vous non seulement ce qui est réellement arrivé, mais aussi, comme si ça ne suffisait pas, ce qui n'est jamais arrivé !

LE DIRECTEUR. – Mais alors, vous, dites-moi au moins ce qui est arrivé ! Dites-le-moi à moi ! Vous êtes sorti de votre chambre sans rien dire ?

LE FILS, *après un instant d'hésitation.* – Rien. Justement parce que je voulais éviter une scène !

LE DIRECTEUR, *le pressant.* – Et alors, et ensuite ? qu'avez-vous fait ?

LE FILS, *au milieu de l'attention angoissée de tous, faisant quelques pas sur le proscenium.* – Rien... En traversant le jardin...

> *Il s'interrompt, sombre et pensif.*

LE DIRECTEUR, *le pressant de plus en plus de parler, impressionné par son silence.* – Eh bien ? en traversant le jardin ?

LE FILS, *exaspéré, se cachant le visage avec un bras.* – Mais pourquoi voulez-vous m'obliger à parler, monsieur ? C'est horrible !

La Mère, tremblant tout entière, poussant des gémissements étouffés, regarde dans la direction du bassin.

LE DIRECTEUR, *remarquant ce regard, bas, au Fils, avec une appréhension grandissante.* – La petite fille ?

LE FILS, *regardant devant lui, dans la salle.* – Là, dans le bassin...

LE PÈRE, *qui est toujours par terre, montrant la Mère avec pitié.* – Et elle le suivait, monsieur !

LE DIRECTEUR, *anxieusement, au Fils.* – Et alors, vous ?

LE FILS, *lentement, toujours sans regarder devant lui.* – Je suis accouru ; je me suis précipité pour la repêcher... Mais, soudain, je me suis arrêté, parce que derrière ces arbres, je venais de voir une chose qui m'a glacé : ce garçon, ce garçon qui était là, immobile, regardant avec des yeux de fou sa petite sœur noyée dans le bassin. *(La Belle-fille, qui est restée penchée près du bassin pour cacher la Fillette, répond comme un écho venu du fond de celui-ci en sanglotant éperdument.)* J'ai fait mine de m'approcher ; et alors...

Un coup de revolver retentit derrière les arbres, là où l'Adolescent est resté caché.

LA MÈRE, *poussant un cri déchirant et accourant avec le Fils et tous les Acteurs, au milieu de l'émotion générale.* – Mon fils ! Mon fils ! *(Et puis au milieu de la confusion et des cris décousus des autres :)* Au secours ! Au secours !

LE DIRECTEUR, *au milieu des cris, essayant de se frayer un passage, cependant que l'Adolescent, soulevé par la tête et les pieds, est transporté derrière la toile de fond blanche.* – Il s'est blessé ? il s'est vraiment blessé ?

Tous, à l'exception du Directeur et du Père toujours par terre près du petit escalier, ont disparu derrière la toile de fond et y resteront un instant, chuchotant avec angoisse. Puis, venant d'un côté et de l'autre de la toile de fond, les Acteurs reviennent en scène.

LE GRAND PREMIER RÔLE FÉMININ, *rentrant par la droite, douloureusement.* – Il est mort ! Le pauvre garçon ! Il est mort ! Oh, quelle histoire !

LE GRAND PREMIER RÔLE MASCULIN, *rentrant par la gauche, riant.* – Mort ? Mais non ! C'est de la fiction ! de la fiction ! Ne vous y laissez pas prendre !

D'AUTRES ACTEURS, *rentrant par la droite.* – De la fiction ? Une réalité ! une réalité ! Il est mort !

D'AUTRES ACTEURS, *rentrant par la gauche.* – Non ! C'est de la fiction ! De la fiction !

LE PÈRE, *se relevant et criant au milieu d'eux.* – Qu'est-ce que vous me racontez avec votre fiction ! C'est une réalité, mesdames et messieurs ! une réalité !

Et lui aussi disparaît, désespéré, derrière la toile de fond.

LE DIRECTEUR, *qui en a assez.* – Fiction ! réalité ! Allez au diable, tous autant que vous êtes ! Lumière ! Lumière ! Lumière ! *(Soudain, le plateau du théâtre et la salle du théâtre tout entière sont inondés d'une très vive lumière. Le Directeur respire, comme libéré d'un cauchemar, et ils se regardent tous dans les yeux, indécis et troublés.)* Ah ! C'est bien la première fois qu'une pareille chose m'arrive ! Ils m'ont fait perdre une journée ! *(Consultant sa montre :)* Vous pouvez vous en aller ! Qu'est-ce que vous voudriez qu'on fasse maintenant ? Il est trop tard pour reprendre la répétition. À ce soir ! *(Et aussitôt que les Acteurs sont partis, après lui avoir dit au revoir :)* Eh, électro, éteins tout ! *(Il n'a pas fini de dire cela que, pendant un instant, le théâtre est plongé dans la plus complète obscurité.)* Oh, quoi, bon Dieu ! Laisse-moi au moins un service, que je voie où je mets les pieds !

Sur-le-champ, comme par une erreur de manœuvre, s'allume derrière la toile de fond un projecteur vert qui fera apparaître, grandes et nettes, les ombres des Personnages, moins celles de l'Adolescent et de la Fillette. À cette vue, le Directeur s'enfuit du plateau en courant, terrifié. Simultanément le projecteur vert s'éteint et l'effet de nuit précédent est redonné sur le plateau. Lentement, entrant par le côté droit de la toile de fond, apparaît d'abord le Fils, suivi de la Mère tendant les bras vers lui ; puis, entrant par la gauche, le Père. Ils s'arrêtent à peu près au second plan, restant là comme des formes de rêve. La Belle-fille qui paraît en dernier, venant de la gauche, se dirige en courant vers l'un des petits escaliers : elle s'arrête un instant sur la première marche pour regarder les trois

*autres Personnages et éclate d'un rire strident ; après quoi elle
se précipite dans la salle par le petit escalier ; elle parcourt rapidement l'allée centrale, s'arrête une fois encore et rit de nouveau en regardant les trois Personnages restés sur le plateau,
puis elle quitte la salle et l'on entendra encore, venant du foyer,
son rire. Et, peu après, tombera le*

RIDEAU